연세 한국어

읽기 3

연세대학교 한국어학당 편

연세대학교 출판문화원

연세 한국어 읽기 3

편저자 연세대학교 한국어학당 교재편찬위원회
집필진 김미옥 · 정현옥 · 설가영 · 박연경 · 김종인 · 성미현
펴낸곳 연세대학교 출판문화원

주소 서울시 서대문구 연세로 50
전화 2123-3380~2
팩스 2123-8673
ysup@yonsei.ac.kr
http://www.yonsei.ac.kr/press
등록 1955년 10월 13일 제9-60호
인쇄 (주)동국문화
삽화 디투웍스
녹음 MS미디어
성우 윤미나 · 전광주

2010년 10월 22일 1판 1쇄 2025년 3월 28일 1판 16쇄
ISBN 978-89-7141-931-1 (08710)

값 **21,000**원 (CD 포함)

머리말

국내 최고명성으로 한국어 교육의 50년 전통을 이어온 연세대학교 언어연구교육원 한국어학당에서는 한국어 교육의 질을 높이기 위해 그동안 많은 교재를 편찬해 왔다. 최근 한국과 한국 문화에 대한 세계인들의 관심이 높아지고 한국어를 배우고자 하는 해외 동포와 외국인이 늘면서 한국어 교재에 대한 학습자들의 요구도 다양해졌다. 이에 따라 연세대학교 언어연구교육원 한국어학당에서는 다양한 학습자들을 대상으로 한국어와 한국 문화를 교육할 수 있는 새로운 교재를 출간하게 되었다.

연세대학교 언어연구교육원 한국어학당에서 출간하는 '연세 한국어 읽기 3'은 한국어 중급 학습자를 위한 읽기 교재로서 중급 수준의 다양한 장르, 다양한 주제의 글을 읽게 함으로써 한국과 세계에 대한 이해를 넓히고자 했으며 주제와 관련된 어휘력 향상과 내용 파악 능력, 주제와 관련된 사고 능력을 신장할 수 있도록 하였다. 특히 한국의 전통적 주제와 현대적 주제, 외국의 주제를 골고루 다룸으로써 학습자의 흥미를 유발할 수 있도록 하였다.

'연세 한국어 읽기 3'은 중급 한국어 학습자에게 필요한 내용을 주제로 본문을 구성하였으며, 학습자들이 흥미를 가질 수 있는 주제와 장면을 선정하여 읽기를 수행하면서 학습자가 중심이 되어 한국어를 배우고 익힐 수 있도록 하였다. 또한 읽기 전, 읽기, 읽기 후 단계 별로 다양한 과제와 활동으로 구성하였으며, 어휘 학습과 내용 이해를 돕기 위해 어휘 연습 문제와 내용 이해 문제를 넣어 학습을 돕고자 하였다.

'연세 한국어 읽기 3'이 연세대학교 언어연구교육원 한국어학당에서 공부하는 학생들뿐만 아니라 한국어를 정확하게 이해하고 구사하려는 모든 한국어 학습자들에게 도움이 되기를 바란다.

연세대학교 언어연구교육원
한국어학당 교재편찬위원회

일러두기

- '연세 한국어 읽기 3'은 총 10개의 과로 구성되었으며 각 과는 3개의 소주제로 이루어졌다. 10개 과의 주제는 '연세 한국어 3'의 주제와 동일하게 구성하였으며 3개의 소주제는 각 과의 주제와 연관 있는 것으로 한국적인 것, 세계적인 것, 그리고 현대 한국의 일상적인 소재로 구성하여 학습자의 흥미를 끌 수 있도록 하였다.

- 각 과의 3개의 소주제 중 〈1〉은 한 시간용, 〈2〉와 〈3〉은 2시간용으로 짧고 쉬운 글에서 길고 다소 어려운 글의 순서로 난이도를 배치하였으며 각 수업 상황과 학습자의 수준에 따라 적절히 선택하여 사용할 수 있도록 하였다.

- 각 과는 도입 그림과 도입 질문, 본문, 어휘 연습, 내용 이해, 더 생각해 봅시다로 구성되었다.

- 도입 그림과 질문은 읽기 전 단계로 읽을 내용과 관련된 그림이나 사진을 제시하여 배경 지식을 활용하여 글의 이해에 도움을 주고자 하였으며, 도입 질문은 그림이나 사진에 관련된 질문과 주제에 관련된 학습자의 경험을 묻는 질문으로 구성하였다.

- 본문은 가능한 한 흥미롭게 구성하고자 하였으며, 수필, 설명문, 감상문, 전기문, 설화, 광고, 일기문, 편지글, 소설 등 다양한 텍스트의 유형을 사용하였다.

- 어휘는 본문 아래에 새로 나온 단어를 소개하였으며 단어 수는 짧은 글은 10개, 긴 글은 20개 정도를 크게 넘지 않는 범위로 한정하였다. 또 본문에 나오는 지명이나 인명 등 설명이 필요한 경우는 주석을 달아 이해를 돕고자 하였다.

- 어휘 연습은 3단계로 되어 있으며 1단계는 새로 나온 본문 단어를 중심으로 연습하고, 2단계는 본문에 나오는 단어의 파생어, 연어, 관용구 등 어휘 확장 연습, 3단계에서는 본문 내용을 요약한 글을 통해 어휘와 내용을 함께 정리해 보도록 구성하였다.

- 내용 이해 질문은 3단계로 이루어졌으며, 1단계는 글의 구성이나 전체적인 개요, 또는 핵심 내용을 파악할 수 있는 질문, 2단계는 본문의 내용을 확인할 수 있는 질문, 3단계는 세부적인 내용에 대한 것으로 글의 내용을 정확하게 이해했는지를 확인하는 문제로 구성하였다.

- 더 생각해 봅시다는 읽은 후 활동으로 본문 주제와 관련된 글을 통해 심화 또는 보충 학습을 할 수 있도록 구성하였다.

- 정답에는 어휘 연습과 내용 이해에 관한 문제의 답을 제시하여 학습자들이 혼자 공부하는데 어려움이 없도록 하였다.

- 어휘 색인에는 각 단원에서 다루어진 주요 어휘를 가나다 순으로 정리하였으며 각 어휘가 제시된 쪽수를 함께 제시하였다.

- 출전에서는 본문을 구성하는데 도움을 받은 책이나 자료 등을 밝혔다.

차례

내용 구성

과	대주제	소주제	글의 유형
01	취미	〈1〉 노벨 이야기	수필
		〈2〉 세계인의 취미	설명문
		〈3〉 수집광 가족	수필
02	일상	〈1〉 이사 떡	수필
		〈2〉 우리 동네 슈퍼 이야기	수필
		〈3〉 숫자	설명문
03	건강	〈1〉 감기	설명문
		〈2〉 화	설명문
		〈3〉 느리게 살기	설명문
04	공연과 감상	〈1〉 담양 대나무 축제	감상문
		〈2〉 1달러짜리 공연	감상문
		〈3〉 보는 그림, 읽는 그림	설명문
05	사람	〈1〉 한국을 사랑한 언더우드	전기문
		〈2〉 바보 온달과 평강공주	설화
		〈3〉 아버지	수필
06	모임	〈1〉 라면천국	설명문
		〈2〉 그 남자, 그 여자	일기문
		〈3〉 국경없는 의사회	설명문
07	실수와 사과	〈1〉 오줌싸개	설명문
		〈2〉 실수에서 태어난 발명	설명문
		〈3〉 노란 손수건	소설
08	학교 생활	〈1〉 존경하는 선생님께	편지
		〈2〉 기적을 만든 선생님	전기문
		〈3〉 서당 풍경	설명문
09	부탁과 거절	〈1〉 어머니의 마지막 부탁	설화
		〈2〉 완곡한 거절	설명문
		〈3〉 부탁하는 광고	광고문
10	어제와 오늘	〈1〉 한국 속의 외국인	설명문
		〈2〉 재미있는 지명 이야기	설명문
		〈3〉 옛날에 쓰던 물건들	설명문

제1과 취미

01 노벨 이야기

02 세계인의 취미

03 수집광 가족

01 노벨 이야기

1. 강아지를 기르면 어떤 점이 좋을까요? 또 어떤 점이 불편할까요?

2. 여러분은 강아지를 길러 본 적이 있습니까? 어떻게 기르게 되었습니까?

CD: 01

노벨이가 우리 집에 온 것은 5년 전 어느 가을이었다. 그 때는 고모가 결혼하기 전이어서 우리와 같이 살고 있었는데 어느 날 퇴근길에 강아지를 한 마리 데리고 오셨다. 길을 잃은 강아지가 며칠 동안 같은 자리에 있어서 경찰서에 맡겼는데[1] 일주일이 지나도 아무도 찾으러 오는 사람이 없어서 고모에게 다시 연락이 왔다고 한다. 오랫동안 돌보지[2] 않아서 더럽고 냄새도 났지만 눈이 참 맑았다.

초등학교 4학년인 동생 준수는 강아지를 보고 너무 좋아했다. 그렇지 않아도 얼마 전에 친구 집에 놀러 가서 강아지를 보고 온 후 강아지를 사 달라고 날마다 어머니를 졸랐다[3]. 어머니는 강아지를 키우면[4] 귀찮은 일만 하나 더 생긴다고 싫어하셨다. 그런데 고모가 강아지를 데리고 왔으니 엄마도 싫다고 할 수가 없으셨다. 과학을 좋아하는 동생은 강아지한테 '노벨' 이라는 이름을 지어 주었다. 그 날부터 노벨이는 우리 가족이 되었다.

노벨이는 우리 집에 오는 사람은 아무나 다 좋아했다. 사람만 보면 아무에게나 꼬리[5]를 흔들었다. 노벨이는 자기가 사람인 줄 아는 것 같았다. 저녁에 가족이 모여서 소파에서 TV를 보고 있으면 우리들 사이에 와서 같이 TV도 보고, 잠도 우리가 자는 침대 위에 올라와서 잤다.

하지만 강아지를 키우는 것은 보통 일이 아니었다. 운동도 시켜 줘야 하고 이 닦기, 목욕 시키기 등 생각했던 것보다 일이 많았다. 화장실에 가지 않고 다른 곳에 실례를 할 때가 한두 번이 아니었다.

그런데 얼마 전 노벨이는 어디가 아픈지 밥도 안 먹고 엎드려서[6] 꼼짝도 하지[7] 않았다. 좋아하는 간식을 주어도 먹지 않았다. 식구들은 모두 걱정하며 밤늦게까지 지켜보았다. 다음 날 병원 문이 열리자마자 데리고 갔는데 다행히 감기라고 했다. 모두들 열심히 돌본 덕분에 노벨이는 조금씩 건강을 찾아갔다.

이제는 많이 늙은 우리 노벨이, 사람 나이로 생각하면 할아버지가 다 되었지만

1) 맡기다	to entrust, leave (with a person)	まかせる、あずける	交给
2) 돌보다	to look after, care for	面倒を見る	照顾
3) 조르다	to nag, pester	せがむ	缠着
4) 키우다	to raise, nurture	飼う	养
5) 꼬리	tail	しっぽ	尾巴
6) 엎드리다	to lie face down	腹ばいになる	趴
7) 꼼짝하다	to move, budge	ぴくりとする	动弹

우리 집에선 귀염둥이[8] 막내[9]이다. 엄마는 강아지를 키우는 것이 아니라 셋째 아이를 키우는 것 같다고 하신다. 이제는 완전히[10] 한 가족이 된 노벨이. 언젠가 우리에게 이별[11]의 순간[12]이 오겠지만 그런 것은 생각하기도 싫다. 노벨이 없는 우리 집은 상상할 수도 없으니까.

8) 귀염둥이	beloved, favored member	可愛がられている子供	小可爱
9) 막내	the youngest of a family	末っ子	老小
10) 완전히	completely	すっかり	完全地
11) 이별	parting, farewell	別れ	离别
12) 순간	moment, instant	瞬間	瞬间

어휘 연습

1. 〈보기〉에서 알맞은 말을 골라 (　　　　)에 쓰십시오.

[보기]
맡기다　　조르다　　키우다　　꼼짝하다　　엎드리다

1) 영희는 비싼 옷을 사달라고 어머니를 계속 (　　　　　　)었다/았다/였다.

2) 그 강아지는 내가 5년 동안 (　　　　　　)어서/아서/여서 정이 많이 들었다.

3) 시험 공부하다가 너무 피곤해서 책상에 (　　　　　　)어서/아서/여서 잤다.

4) 어제는 너무 아파서 하루 종일 침대에서 (　　　　　　)지 않고 누워 있었다.

5) 어머니는 어린 동생을 나에게 (　　　　　　)고 잠깐 수퍼에 우유를 사러 가셨다.

2. 다음 단어 중 맞지 <u>않는</u> 것을 고르십시오. (　　　　)

❶ 깨끗히　　❷ 열심히　　❸ 조용히　　❹ 완전히

3. 다음 글의 내용에 맞게 〈보기〉에서 알맞은 말을 골라 (　　　　)에 쓰십시오.

[보기]
이별　　꼬리　　완전히　　귀찮다　　돌보다　　귀염둥이

우리 강아지 노벨이는 우리 집의 (　　　　　　)이다. 하지만 처음 우리 집에 왔을 때는 더럽고 냄새가 나는 길 잃은 강아지였다. 어머니는 강아지를 키우는 것을 (　　　　　　)다고 싫어하셨지만 고모가 데리고 와서 어쩔 수 없이 키우게 되었다. 노벨이는 사람을 좋아해서 아무에게나 반갑다고 (　　　　　　)을/를 흔든다. 사람처럼 소파에서 TV도 보고 우리가 자는 침대 위에도 올라온다. 5년이나 같이 살아서 이제 (　　　　　　) 한 가족이 되었다. 얼마 전에 감기에 걸려 많이 아팠는데 온 가족이 잘 (　　　　　　)은/ㄴ 덕분에 괜찮아졌다. 언젠가는 (　　　　　　)의 순간이 오겠지만 그건 생각하기도 싫다.

내용 이해

1. 이 글에서 각 단락의 중심 내용은 무엇입니까? 연결하십시오.

첫 번째 단락 •	• 노벨이와의 첫 만남
두 번째 단락 •	• 강아지 키우기의 어려움
세 번째 단락 •	• 식구들의 반응
네 번째 단락 •	• 감기로 고생한 노벨이
다섯 번째 단락 •	• 노벨이의 성격
여섯 번째 단락 •	• 우리 가족이 된 노벨이

2. 노벨이가 우리 집에 오게 된 이유를 맞게 설명한 것은 무엇입니까? (　　　　)

❶ 주인이 없다는 이야기를 듣고 고모가 데려왔다.

❷ 강아지의 주인은 하루 종일 기다려도 오지 않았다.

❸ 고모는 길 잃은 강아지를 보자마자 경찰서에 데려갔다.

❹ 주인이 오지 않아 경찰이 강아지를 고모에게 데려왔다.

3. 어머니는 왜 강아지를 키우기 싫어하셨습니까? (　　　　)

❶ 비싸서　　❷ 시끄러워서

❸ 귀찮아서　　❹ 더러워서

4. 노벨이의 행동이 <u>아닌</u> 것은 무엇입니까? (　　　　)

❶ 처음 보는 사람을 무서워한다.

❷ 잠은 항상 자기 집에서 자지 않는다.

❸ 좋아하는 사람에게는 꼬리를 흔든다

❹ 쇼파에 올라와서 우리와 같이 TV를 본다.

5. 이 글의 내용과 같으면 ○, 다르면 × 하십시오

1) 이 글을 쓴 사람은 고모이다. ( )

2) 노벨이란 이름을 지어준 사람은 동생이다. ( )

3) 노벨이가 아파서 병원에 갔는데 감기였다. ( )

4) 어머니는 셋째 아이를 키우고 싶어 하신다. ( )

더 생각해 봅시다

1. 애완동물을 길러 본 경험을 이야기해 보십시오.

동물	
기간	
이유	
좋았던 점	
힘들었던 점	
특별한 기억	

02 세계인의 취미

1. 사진을 보고 어느 나라 사람이 많이 하는 취미인지 이야기해 봅시다.

2. 여러분은 어떤 취미 생활을 하고 싶습니까?

나라마다 사람마다 취미가 다양하다. 세계 여러 나라 사람들은 어떤 취미 생활을 할까?

영국인들의 취미 중 가장 인기 있는 것은 정원[1] 가꾸기[2]이다. 영국인들은 꽃과 채소를 심고[3] 가꾸는 것을 좋아한다. 집집마다 집이 작아도 집 앞이나 뒤에 정원이 있다. 영국은 흐리고 비가 자주 와서 우울해지기 쉽다. 그래서 더 정성껏[4] 정원을 가꾼다. 그렇게 가꾼 정원에서 바비큐 파티를 하거나 차 모임을 갖으며 즐거운 시간을 보낸다.

독일 사람들은 기차를 자주 이용해서 그런지 독일에서는 모형[5] 기차 만드는 것이 인기이다. 모형 기차 만들기는 기차의 모양과 주변 풍경들을 진짜와 똑같이 만드는 것이다. 부품[6] 값이 비싸기 때문에 혼자 하기보다는 사람들이 서로 같이 만든다. 그래서 독일에는 작은 마을에도 모형 기차 모임이 한 두 개씩 있고 가끔 전시회를 열기도 한다. 독일 주요[7] 도시의 기차역에 가면 움직이는[8] 모형 기차를 볼 수 있다. **함부르크**에는 700여대의 모형 기차를 볼 수 있는 박물관도 있다.

일본에서는 어린 아이들뿐만 아니라 40~50대 어른들이나 노인들도 만화책을 즐겨 읽는다. 만화를 보면서 즐거움을 찾고 스트레스도 푼다. 그래서 일본에서는 만화가 소설이나 영화만큼 인기가 있다. 일본 사람들은 한 사람이 1년에 15권쯤의 만화책이나 만화 잡지를 읽는다. 그래서 일본에는 세계적으로 유명한 만화와 만화가들이 많다. 그리고 만화가 TV 드라마, 영화나 소설로 다시 만들어지기도 한다.

• **함부르크** : 독일 북부 엘베 강 하류에 있는 항구 도시 | Hamburg(Germany's northern port city on the Elbe river) | ハンブルク(ドイツ北部エルベ川の下流に位置する港湾都市) | 汉堡(德国北部的港口城市, 位于易北河下游)

1) 정원	garden	庭園	庭院
2) 가꾸다	to grow, cultivate	手入れをする	修饰
3) 심다	to plant	植える	种植
4) 정성껏	with all one's heart, wholeheartedly	真心を込めて	精心
5) 모형	model, replica	模型	模型
6) 부품	(machine) parts	部品	零件
7) 주요	major, principal	主要	主要
8) 움직이다	to move	動く	开动

중국의 아침은 활기차다[9]. 이른[10] 아침부터 공원에서 많은 사람들이 모여 **태극권**을 한다. 태극권은 몸을 천천히 부드럽게 움직이는 운동이어서 노인들도 쉽게 할 수 있다. 태극권은 건강에도 좋고, 운동을 하는 동안 마음도 편해진다. 공원에서는 이밖에도 전통춤, 배드민턴 등을 즐기는 사람들을 많이 볼 수 있다. 새를 키우는 것이 취미인 사람도 있어서 공원이나 거리에서 새와 산책하는 사람의 모습도 쉽게 볼 수 있다.

호주는 날씨가 좋고 자연도 아름다워서 여러 가지 야외 활동[11]을 즐기는 사람들이 많다. 특히[12] 낚시를 즐기는[13] 사람들을 많이 볼 수 있다. 따뜻한 햇볕[14] 아래에서 낚시를 하며 여유롭게[15] 자연을 즐긴다. 잡은 물고기는 집에 가져가서 가족들과 요리를 해서 먹기도 한다. 하지만 잡은 물고기를 모두 가지고 갈 수 있는 것은 아니다. 너무 어린 물고기는 다시 놓아주어야 한다. 혼자서 낚시를 하는 사람도 있지만, 가족과 같이 수영도 하고 바비큐 파티도 하면서 낚시를 즐기는 사람도 많다.

한국인이 가장 즐겨하는 취미는 등산이다. 다른 나라에 비해서 가까운 곳에 쉽게 등산할 수 있는 산이 많기 때문이다. 서울에도 아름답고 등산하기 좋은 산이 많다. 주말이면 아침 일찍 등산하러 가는 사람들을 많이 볼 수 있다. 산에서 약수도 마시고 운동도 한다. 그래서 회사마다 등산 동호회가 없는 곳이 없다.

나라마다 그 나라의 생활과 문화에 어울리는 취미 생활을 즐기고 있다. 이런 취미 생활은 다음 날을 위한 힘이 된다. 만약[16] 취미가 없다면 이제부터라도 취미 생활을 시작해 보는 것이 어떨까? 지금보다 좀 더 활기찬 생활을 할 수 있을 것이다.

• **태극권** : 중국 권법의 하나임. | Tai Chi(one of China's martial arts) | 太極拳(中国拳法の一種) | 太极拳(中国拳法中的一种)

9) 활기차다	to be full of vigor, very animated	活気に満ちている	满活力
10) 이르다	early	(時刻が)早い	早
11) 야외 활동	outdoor activities	野外活動	野外活动
12) 특히	in particular, especially	特に	尤其
13) 즐기다	to enjoy	楽しむ	热爱, 喜欢
14) 햇볕	sunshine, rays of the sun	日の光	阳光
15) 여유롭다	to be comfortable and free	余裕がある	悠闲, 充裕
16) 만약	if, by any chance	もしも	如果

어휘 연습

1. 〈보기〉에서 알맞은 말을 골라 (　　　　)에 쓰십시오.

[보기]
심다　　가꾸다　　움직이다　　즐기다　　활기차다

1) 그 사람은 아침 운동으로 하루를 (　　　　　　)게 시작한다.

2) 지하철에 사람이 많아서 몸을 (　　　　　　)을/ㄹ 수 없었다.

3) 이 사과나무는 10년 전에 할아버지가 (　　　　　　)는/은/ㄴ 나무다.

4) 언니는 꽃을 좋아해서 정원에서 여러 가지 꽃을 (　　　　　　)는다/ㄴ다/다.

5) 공원에는 휴일을 (　　　　　　)으러/러 나온 사람들이 많았다.

2. 밑줄 친 단어의 의미가 다른 것을 고르십시오. (　　　　)

❶ 힘껏　　❷ 지금껏　　❸ 마음껏　　❹ 정성껏

3. 다음 글의 내용에 맞게 〈보기〉에서 알맞은 말을 골라 (　　　　)에 쓰십시오.

[보기]
만약　　모형　　이르다　　정성껏　　야외 활동　　여유롭다

나라마다 그 나라 사람들에게 인기 있는 취미가 다르다. 비가 많이 내리는 영국에는 (　　　　　) 정원을 가꾸는 사람들이 많다. 기차를 자주 이용하는 독일 사람들은 기차 (　　　　　) 만들기를 좋아한다. 일본 사람들은 어른들도 만화책을 읽으며 스트레스를 푼다. 중국에서는 (　　　　　)는/은/ㄴ 아침부터 공원에서 몸을 천천히 움직이며 태극권을 하는 사람들을 많이 볼 수 있다. 날씨가 좋은 호주에서는 많은 사람들이 낚시 같은 (　　　　　)을/를 하며 (　　　　　)게 자연을 즐긴다. 한국인은 등산을 가서 약수도 마시고 운동도 한다. (　　　　　) 취미가 없는 사람이 이런 취미들을 가진다면 좀 더 활기찬 생활을 할 수 있을 것이다.

내용 이해

1. 각 나라에서 많이 즐기는 취미 생활이 무엇입니까? 다음 표를 완성하십시오.

나라	취미 생활
영국	정원 가꾸기
독일	
일본	
중국	
호주	
한국	

2. 영국과 독일에 관한 설명으로 맞는 것은 무엇입니까? (　　　　　)

❶ 독일의 큰 도시에는 기차 박물관이 많다.

❷ 영국에서는 정원에서 여러 모임을 갖는다.

❸ 영국에서는 비가 자주 와서 정원을 가꾸지 않는다.

❹ 독일에서는 혼자서도 모형 기차를 쉽게 만들 수 있다.

3. 일본에 관한 설명으로 <u>틀린</u> 것은 무엇입니까? (　　　　　)

❶ 영화보다 만화가 인기가 있다.

❷ 40~50대 어른들도 만화를 좋아한다.

❸ 만화를 가지고 소설을 만들기도 한다.

❹ 평균 한 달에 한 권 이상 만화책이나 만화 잡지를 읽는다.

4. 호주와 한국에 관한 설명으로 맞는 것은 무엇입니까? (　　　　　)

❶ 한국에서는 도시에서 등산하기 어렵다.

❷ 한국에는 등산 동호회가 없는 회사가 많다.

❸ 호주에서는 낚시한 물고기를 모두 가져갈 수 있다.

❹ 호주 사람들의 취미는 주로 밖에서 하는 것이 많다.

5. 이 글의 내용과 같으면 ○, 다르면 × 하십시오.

1) 태극권은 몸과 마음을 건강하게 해 준다. (　　　)

2) 영국 사람들은 정원에서 바비큐 파티도 한다. (　　　)

3) 독일의 기차역에서는 모형 기차를 직접 만들 수 있다. (　　　)

4) 중국 사람들은 이른 아침에 공원에서 취미 활동을 즐긴다. (　　　)

더 생각해 봅시다

1. 다음은 호주 사람들이 야외 활동을 많이 하는 이유입니다. 다음을 읽고 다른 나라의 경우도 이야기해 봅시다.

호주는 아름다운 자연으로 유명합니다. 그래서 자연과 환경 보호를 매우 중요하게 생각합니다. 어렸을 때부터 학교는 물론 가정에서도 아이들에게 자연과 환경 보호의 중요함을 교육시킵니다. 그래서 가족들이 같이 야외 활동을 하는 경우가 많습니다. 또한 자연을 직접 경험할 수 있는 국립공원도 많고, 레포츠도 다른 나라보다 돈을 적게 들이고 즐길 수 있다는 장점이 있습니다.

사진제공: 호주정부관광청

03 수집광[1] 가족

1. 수집을 하면 어떤 점이 좋을까요?

2. 〈보기〉 중에서 여러분이 모으는 것이 있습니까? 또는 모으고 싶은 물건이 있습니까?

[보기]

구두	청바지	시계	카메라	게임카드	돈	인형
그릇	가격표	책	미니어처	만화책	메달	동전
안경	잡지	우표	자동차	오토바이		

1) **수집광** | avid collector (of something) | 収集マニア | 收集狂

수집이란 별난[2] 취미가 아니다. 누구나 한 번쯤은 무언가를 모아 본 기억이 있을 것이다. 우표, 구두, 시계, 청바지 그리고 자동차, 카메라, 책, 미니향수 등 사람들이 취미로 모으는 것은 정말 다양하다. 우리들은 이러한 것들을 모으면서 작은 즐거움을 느끼게 되고 또 나중에 자신이 모아 놓은 것들을 보면서 추억을 떠올릴[3] 수 있다.

우리 가족 모두 조금은 별난 수집광이라고 할 수 있다. 아버지는 거의 30년 동안 올림픽 기념주화[4]와 메달[5]을 모으셨다. 지금까지 수집하신 기념주화와 메달의 수가 천 개가 넘는다. 다른 사람에게는 그냥 동전일 뿐이지만 아버지에게는 소중한 보물들이다. 아버지는 이것들을 돈을 벌기 위해서가 아니라 올림픽에 대한 열정[6]과 사랑 때문에 모으신다. 그리고 언젠가는 올림픽 박물관 같은 곳에 전시하고 싶다고 하셨다. 올림픽이 4년마다 계속 열리는 한 우리 아버지의 올림픽 사랑도 멈추지[7] 않을 것 같다.

조용한 성격의 어머니는 여행을 좋아하신다. 답답한 일상에서 벗어나고[8] 싶으실 때는 여행을 가신다. 어머니가 여행을 다녀오시면 꼭 사 가지고 오시는 것이 있다. 그건 바로 티스푼이다. 무겁지도 않고 많이 비싸지도 않은 이 물건이 어머니가 즐겨 모으시는 것이다. 그래서 우리 집 부엌 장식장에는 어머니가 여행 때마다 사 오신 세계 각국의 티스푼들이 가지런히[9] 정리되어 있다. 작은 공간[10]이지만 세계가 한 곳에 모여 있다.

고등학생인 남동생은 어렸을 때부터 조립하는[11] 것을 좋아했다. 자동차, 배, 비행기, 기차 모형 등 뭐든지 만드는 것을 좋아했다. 그리고 초등학교 5학년 때부터는 자기가 만든 미니어처[12]들을 하나 둘 모으기 시작했다. 나무나 플라스틱,

2) 별나다	eccentric, peculiar	変っている	奇怪
3) 떠올리다	to recall, bring to mind	思い浮かべる	想起
4) 기념주화	commemorative coin	記念硬貨	纪念币
5) 메달	medal	メダル	奖牌
6) 열정	passion	情熱	热情
7) 멈추다	to stop, come to an end	止まる	停止
8) 벗어나다	to escape, be free oneself from	はなれる、のがれる	摆脱
9) 가지런히	uniformly, evenly	きちんと	整整齐齐地
10) 공간	space	空間	空间
11) 조립하다	to assemble, put together	組み立てる	组装
12) 미니어처	miniature (model)	ミニチュア	小模型

그리고 종이로 만든 곤충[13], 사람, 동물, 자동차, 유명한 건물 등 그 종류도 여러 가지이다. 작은 것들을 한 데 모으면 마치 소인국[14] 같다. 남동생은 한 번 이 작은 세계에 빠지면[15] 시간 가는 줄 모른다.

대학교 4학년인 나는 대학생이 되면서부터 늘 수첩을 가지고 다녔다. 이 수첩에는 작지만 나의 소중한 기억들이 수 십장의 티켓들과 함께 보관되어[16] 있다. 나는 연극이나 영화, 뮤지컬을 보고 나면 그 티켓을 버리지 않고 수첩에 붙인다. 그런 후에 티켓 옆에 누구와 언제 무엇을 보았고 어떤 일들이 있었는지 적는다. 이렇게 하면 그 때 그 때의 소중한 느낌과 생각들이 없어지지 않고 그대로 내 수첩에 남게 된다. 또 가족이나 친구들과 여행을 갈 때도 마찬가지[17]이다. 기차, 배, 버스나 비행기를 타고 오고 갈 때 산 표를 버리지 않고 여행 날짜에 맞추어 수첩에 꼼꼼히[18] 붙여 놓는다. 표를 보면 내가 어디에서 출발해서 어디에 도착했는지, 언제 어디에 있었는지 알 수 있다. 여행에서 돌아 온 후에 사진들을 보면서 그 때 일을 생각하는 것도 재미있지만, 수첩에 있는 여러 장의 표들을 보면서 내가 발을 옮겼던 장소들을 다시 떠올리는 것은 더 즐거운 일이다. 이렇게 모은 티켓들이 10권의 책이 되어 내 방 책상에 놓여 있다. 책상에서 손을 뻗으면[19] 나는 금세[20] 나의 추억과 만날 수 있다.

무엇인가를 모은다는 것은 어떻게 보면 과거를 잡고 있는 것일 수도 있다. 하지만 모은 것들을 통해 지금 현재에 새로운 의미들을 만들어 간다면 그것은 더 이상 과거가 아닐 것이다.

13) 곤충	insect	昆虫	昆虫
14) 소인국	land of dwarves	小人国	小人国
15) 빠지다	to be absorbed in, be crazy about	はまる	陶醉于
16) 보관되다	to be stored (for safekeeping)	保管される	保管
17) 마찬가지	the same	同じ	一样
18) 꼼꼼히	meticulously, carefully	きちょうめんに	仔仔细细
19) 뻗다	to stretch (out), extend	伸ばす	伸出
20) 금세	instantly, at once	すぐに	立即

어휘 연습

1. 〈보기〉에서 알맞은 말을 골라 (   )에 쓰십시오.

[보기]
금세　　열정　　뻗다　　별나다　　빠지다

1) 다리를 쭉 (   )고 앉으니까 너무 편하다.

2) 어제는 너무 피곤해서 침대에 눕자마자 (   ) 잠이 들었다.

3) 웨이는 마리아를 처음 보자마자 사랑에 (   )었다/았다/였다.

4) 리에는 음악에 대한 (   )으로/로 회사를 그만두고 유학을 떠났다.

5) 그는 술을 마시면 아무하고나 악수하는 (   )는/은/ㄴ 행동을 한다.

2. 다음 단어 중 맞지 않는 것을 고르십시오. (   )

❶ 관람객　　❷ 메모광

❸ 간호사　　❹ 과학꾼

3. 다음 글의 내용에 맞게 〈보기〉에서 알맞은 말을 골라 (   )에 쓰십시오.

[보기]
소인국　　기념주화　　꼼꼼히　　가지런히　　보관하다　　조립하다　　떠올리다

우리 가족은 모두 조금은 별난 수집광이다. 아버지는 올림픽에 대한 열정으로 올림픽 (   )과/와 메달을 모으시는데, 이것들은 아버지의 소중한 보물들이다. 어머니는 여행 갔다 오실 때마다 티스푼을 사 가지고 오신다. 그래서 우리 집 장식장에는 세계 여러 나라의 티스푼들이 (   ) 놓여 있다. 남동생은 어렸을 때부터 자동차, 기차 등을 (   )는/은/ㄴ 것을 좋아했다. 동생은 자기가 만든 미니어처들을 지금까지 잘 (   )고 있는데 이것들을 모아 놓으면 마치 (   ) 같다. 나는 여행을 가면 버스표나 기차표 등을 버리지 않는다. 또 영화나 연극을 보면 그 티켓들을 모으는데, 이것들을 모두 수첩에 (   ) 붙이고 그 옆에 내 생각과 느낌을 적어 놓는다. 이렇게 하면 나중에 수첩을 보면서 그 때의 일들을 쉽게 (   )을/ㄹ 수 있다.

내용 이해

1. 가족들이 각각 수집하는 것은 무엇입니까? 빈칸에 써 넣으십시오.

가족	모으는 것
아버지	
어머니	
남동생	
나	

2. 수집을 하면서 느낄 수 있는 것은 무엇입니까? (　　　　)

❶ 외로움　　❷ 즐거움　　❸ 답답함　　❹ 안타까움

3. 우리 가족에 대한 설명으로 <u>틀린</u> 것은 무엇입니까? (　　　　)

❶ 남동생은 미니어처를 사서 모으는 것이 취미이다.

❷ 나는 소중한 시간들을 기억하기 위해 표를 모은다.

❸ 아버지는 올림픽에 대한 사랑 때문에 올림픽 메달을 모으신다.

❹ 어머니는 장식장에 세계 여러 나라의 티스푼들을 넣어 두신다.

4. 이 글의 내용과 <u>다른</u> 것은 무엇입니까? (　　　　)

❶ 수집은 추억을 만들어 준다.

❷ 수집은 미래를 위한 준비이다.

❸ 수집은 과거와 현재를 이어준다.

❹ 수집은 과거를 떠올리게 해 준다.

5. 이 글의 내용과 같으면 ○, 다르면 × 하십시오.

1) 어머니가 사 모으시는 티스푼은 비싼 것이다. (　　　)

2) 나는 여행에서의 추억을 수첩에 적어 놓는다. (　　　)

3) 우리 가족 모두 수집하는 것을 아주 좋아한다. (　　　)

4) 아버지는 올림픽 주화가 비싸게 팔리기를 바라신다. (　　　)

더 생각해 봅시다

1. 여러분이 지금까지 수집한 것에 대해서 이야기해 봅시다.

	물건	기간	개수	좋은 점
	우표	고등학교 때부터 (6년)	50장	우표를 통해 세계 여러 나라에 대해 알 수 있다.
나				
친구				

제2과 일상

01 이사 떡

02 우리 동네 슈퍼 이야기

03 숫자

01 이사 떡

1. 이사와 관계있는 풍습에는 무엇이 있습니까?

2. 여러분 나라에서는 이사를 가면 이웃에게 어떻게 인사를 합니까?

한 층에 여덟 집에서 열 집. 아파트에는 늘 사람들이 오고 간다. 하지만 아파트에 사는 사람들은 이웃에 누가 이사를 오는지 누가 이사를 가는지 별로 관심이 없다. 아침 일찍 직장에 나가고 여러 가지 일로 바쁘기 때문이다.

3일 동안 윗집에서 시끄럽게 공사[1]를 했다. 집수리[2]를 하는 것 같았다. 또 누군가 이사를 올 모양이다. 창밖을 보니까 이삿짐 차가 아파트 단지[3] 안으로 들어와서 우리 아파트 앞에 섰다. 위층으로 이사 올 사람들이 도착했나 보다. 오후가 되면 이삿짐 소리로 또 시끄러울 것이다. 봄, 가을이면 한 달에도 몇 번씩 이런 일이 있다.

예상대로[4] 오후동안 이삿짐 옮기는 소리로 아파트가 시끄러웠다. 혼자 불평을 하면서 청소를 하고 있는데 갑자기 초인종[5] 소리가 들렸다.

"딩동"

"누구세요?"

"안녕하세요? 402호에 이사 온 사람이에요. 이사 떡 좀 드리려고요."

떡을 가지고 온 사람은 새댁[6] 같았다. 요즘은 이사 떡을 돌리는[7] 모습을 쉽게 찾아보기 힘들기 때문에 조금 뜻밖이었다[8].

"어머, 고마워요. 오늘 이사 오셨나 봐요."

"네, 죄송해요. 많이 시끄러웠죠?"

"아니에요."

"맛있게 드세요. 그리고 앞으로 잘 부탁드려요."

"잘 먹겠습니다."

나는 빈[9] 접시를 주기가 미안해서 새댁에게 잠시 기다리라고 했다. 과일이라도 주려고 냉장고를 열어봤지만 어제 저녁 하나 남은 사과를 먹은 것이 생각났다.

1) 공사	construction	工事	施工
2) 집수리	home repairs	家の修理	装修房子
3) 단지	housing complex or community	団地	小区
4) 예상대로	as expected	予想通り	意料之中
5) 초인종	doorbell	呼び鈴	门铃
6) 새댁	a newly married woman; newlywed	新妻	新娘子
7) 떡을 돌리다	to hand out rice cake (to one's neighbors)	モチを配る	派送打糕
8) 뜻밖이다	to be unexpected	意外だ	出乎意料
9) 비다	to be empty	空(から)の	空空

그래서 할 수 없이[10] 빈 접시를 주었다.

"아무것도 드릴 것이 없네요. 어떻게 하지요? 죄송해요."

"아니에요. 괜찮아요. 그럼 안녕히 계세요."

"네, 안녕히 가세요. 가끔 놀러 오세요."

저녁에 퇴근한 남편과 식탁에 앉아서 오늘 있었던 일을 이야기하며 떡을 나누어 먹었다. 떡을 먹을 때 낮에 보았던 새댁의 미소[11]가 떠올랐다. 새로운 사람이 인사를 왔는데 그냥 빈 접시로 보낸 것이 조금 마음에 걸렸다[12]. 내일은 이사 온 새댁을 불러서 차라도 한 잔 마셔야겠다.

10) 할 수 없이	unavoidably	仕方なく	没办法
11) 미소	smile	ほほえみ	微笑
12) 마음에 걸리다	to weigh on one's mind; to worry (about)	気になる	心里惦记着

어휘 연습

1. 〈보기〉에서 알맞은 말을 골라 (　　　　)에 쓰십시오.

[보기]
비다　　옮기다　　뜻밖이다　　떡을 돌리다　　마음에 걸리다

1) 친구가 하숙집을 학교 근처로 (　　　　　　)었다/았다/였다.

2) 오늘 낮에 친구와 싸운 일이 (　　　　　　)어서/아서/여서 친구에게 편지를 썼다.

3) 새로 생긴 가게 주인이 주위 가게 사람들에게 인사를 하며 (　　　　　　)고 있었다.

4) 출퇴근 시간에는 버스나 지하철에 사람이 많아서 (　　　　　　)는/은/ㄴ 자리를 찾기가 어렵다.

5) 나하고 별로 친하지도 않은 친구가 비싼 생일 선물을 준 것은 정말 (　　　　　　)었다/았다/였다.

2. 다음 단어 중 맞지 않는 것을 고르십시오. (　　　　)

❶ 힘대로　　❷ 생각대로　　❸ 순서대로　　❹ 예상대로

3. 다음 글의 내용에 맞게 〈보기〉에서 알맞은 말을 골라 (　　　　)에 쓰십시오.

[보기]
미소　　새댁　　집수리　　초인종　　예상대로　　할 수 없이

며칠 전부터 윗집에서 (　　　　　　)을/를 하는 것 같은 소리가 들렸다. 누군가 이사를 오기 전에 공사를 하는 것 같았다. 역시 나의 (　　　　　　) 오늘 윗집에 새 이웃이 이사를 왔다. 내가 이삿짐 옮기는 소리가 시끄러워서 불평하고 있을 때 (　　　　　　) 소리가 들렸다. 문을 여니까 (　　　　　　) 같아 보이는 사람이 (　　　　　　) 을/를 지으며 떡을 들고 서 있었다. 나는 떡을 받고 빈 접시를 그냥 돌려주기가 미안해서 냉장고를 열어봤지만 담아 줄 음식을 찾을 수가 없었다. 그래서 (　　　　　　) 빈 접시를 돌려주었다. 내일은 새댁을 집에 초대해서 차라도 한 잔 마시며 떡을 잘 먹었다고 인사해야겠다.

내용 이해

1. 다음을 읽고 일이 일어난 순서대로 (가)~(마)를 쓰십시오.

(가) 3일 동안 윗집에서 집수리를 하는 소리가 들렸다.
(나) 이삿짐 옮기는 소리로 아파트가 시끄러웠다.
(다) 줄 음식을 찾지 못해 빈 접시를 돌려주었다.
(라) 남편과 함께 이사 떡을 먹으며 이야기를 나누었다.
(마) 윗집에 이사 온 사람이 이사 떡을 들고 우리 집에 찾아왔다.

(가) → ( ) → ( ) → ( ) → ( )

2. 나는 왜 불평을 했습니까? ( )

❶ 회사일과 집안일 때문에 바빠서
❷ 3일 동안 윗집에서 집수리를 해서
❸ 이삿짐 옮기는 소리가 시끄러워서
❹ 사람들이 이웃에게 관심이 없어서

3. 나에 대한 설명으로 맞는 것은 무엇입니까? ( )

❶ 오늘 이사를 했다.
❷ 혼자 사는 회사원이다.
❸ 새댁에게 시끄럽다고 불평을 했다.
❹ 새댁에게 빈 접시를 돌려 준 게 마음에 걸렸다.

4. 이 글의 내용과 다른 것은 무엇입니까? ( )

❶ 요즘은 이사 떡을 잘 돌리지 않는다.
❷ 나는 새댁에게 빈 접시를 돌려주었다.
❸ 우리 아파트에 사는 사람들은 이웃들과 친하게 지낸다.
❹ 나는 이삿짐을 옮기는 시끄러운 소리 때문에 불평을 했다.

5. 이 글의 내용과 같으면 ○, 다르면 × 하십시오.

1) 이삿짐 차는 오늘 오후에 도착했다. ( )

2) 새댁은 이사를 와서 집수리를 했다. ( )

3) 보통 사람들은 봄, 가을에 이사를 많이 한다. ( )

4) 윗집은 3일 전부터 오늘 오전까지 사는 사람이 없었다. ( )

더 생각해 봅시다

1. 다음은 여러 나라의 속담입니다. (   ) 안에 공통적으로 들어갈 단어를 써 보십시오.

1. (   )이 좋으면 매일 즐겁다. - 프랑스
2. 먼 친척보다 가까운 (   )이 낫다. - 한국
3. (   )은 자신의 모습을 비춰주는 거울이다. - 영국
4. 가장 가까운 (   )은 부모보다도 가치가 있다. - 몽고
5. 좋은 집을 살 것이 아니라, 좋은 (   )을 사야 한다. - 스페인
6. 친구 없이는 살 수 있어도 (   ) 없이는 살 수 없다. - 스코틀랜드

02 우리 동네 슈퍼 이야기

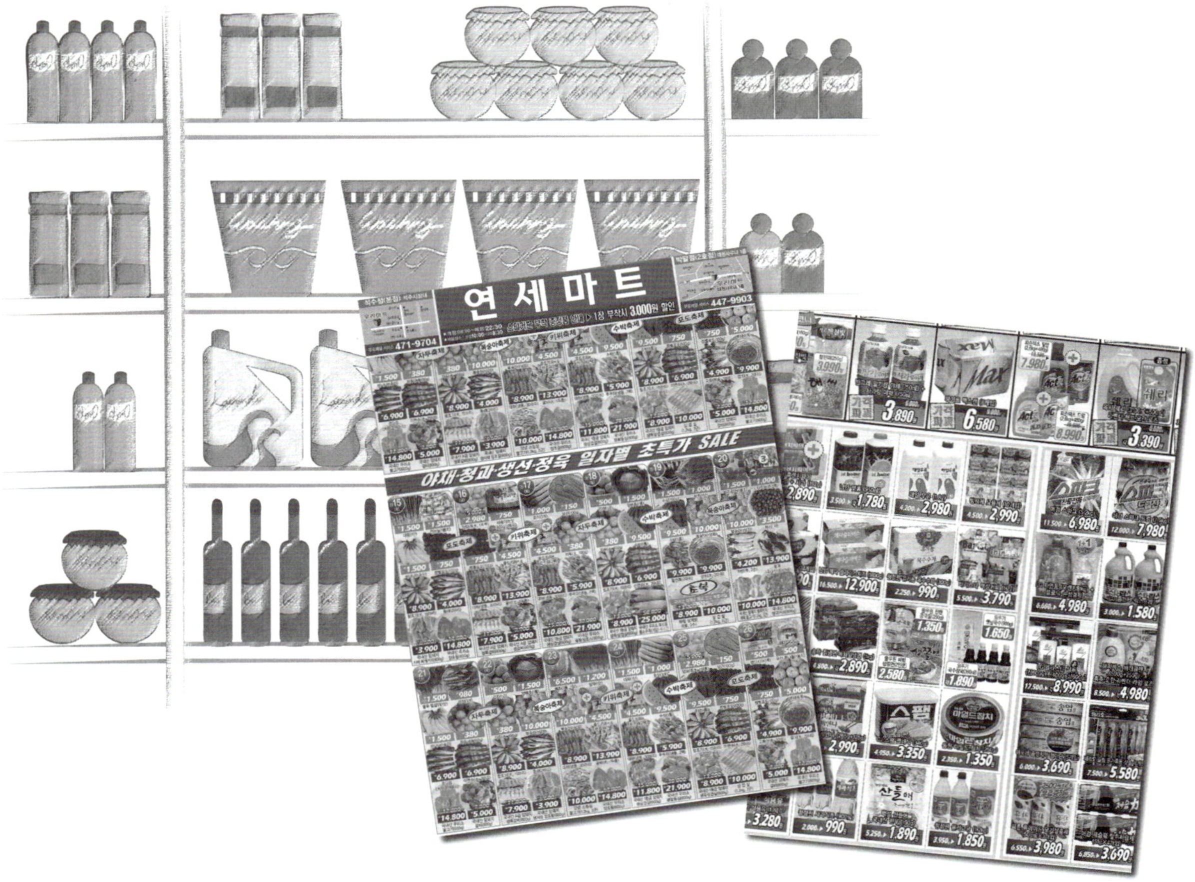

1. 슈퍼에서 물건을 싸게 사는 방법은 무엇입니까?

2. 여러분 나라의 슈퍼와 한국의 슈퍼는 다른 점이 무엇입니까?

CD: 05

나는 우리 동네 슈퍼마켓을 아주 좋아한다. 그 슈퍼는 버스정류장에서 내리면 바로 보이는 아파트 상가[1] 지하 1층에 있다. 그 슈퍼는 큰 회사에서 운영하는[2] 대형 슈퍼도 아닌데 다른 작은 슈퍼에 비해서 아주 크고 깨끗하다. 그리고 여러 가지 물건 종류도 많은데다가 가격도 싼 편이다. 한 두 정거장 더 가면 대형 할인점[3]도 있지만 거기는 너무 복잡하고 차를 타야 하니까 불편하다.

내가 처음 그 슈퍼에 간 것은 이 아파트로 이사 와서 얼마 되지 않았을 때였다. 그 날 아침 신문에 끼어[4] 온 전단지[5]에는 믿을 수 없이 싼 가격이 적혀 있었다. 그리고 개업 기념으로 일주일 동안 15,000원 이상 사면 사은품[6]도 준다고 써 있었다. 선착순[7] 100명에게는 개업[8] 떡도 준다고 했다. 문 여는 시간에 맞춰 가니까 벌써 문 앞에서 10명쯤 되는 사람들이 줄을 서서 문이 열리기를 기다리고 있었다. 슈퍼 문이 열리자마자 바로 들어가니까 직원들이 밝은 목소리로 인사하며 따뜻한 떡을 나눠 주었다. 그 옆 과일 코너 아주머니는 환하게[9] 웃으며 "이 수박 한 번 시식해[10] 보세요."라고 했다. 달콤한[11] 수박 냄새가 났다. 한 조각 먹어보니까 아주 달고 맛있었다. 빨간 글씨로 '수박 한 통에 7,000원 특가[12] 판매' 라고 쓰여 있는 것을 보고 수박을 한 통 샀다. 두부[13] 코너에서는 하나 사면 하나를 더 주는 1+1 행사를 하고 있었다. 커피를 사면 증정품[14]으로 머그컵을 주었다. 두부랑 커피 이것저것 사니까 금방 15,000원이 넘었다. 수박이 무거워서 사은품과 같이 배달을 시켰다.

1) 상가	shopping center	商店街	商店
2) 운영하다	to operate, manage	経営する	运营
3) 할인점	discount store	ディスカウントストア	折扣店
4) 끼다	to be inserted, put inside	はさまる	夹
5) 전단지	flier	チラシ	传单
6) 사은품	free (promotional) gift	謝恩品	赠品
7) 선착순	order of arrival; first-come first-serve basis	先着順	先到先得
8) 개업	to open for business	オープン	开张
9) 환하다	bright, radiant	明るい	开心
10) 시식하다	to try (sample) food	試食する	品尝
11) 달콤하다	sweet (flavor)	甘い	甜甜的
12) 특가	special price	特価	特价
13) 두부	tofu (bean curd)	豆腐	豆腐
14) 증정품	giveaway, free gift	贈呈品	赠送品

그 날 이후로 그 슈퍼에 자주 들르게[15] 되었다. 몇 번 가다 보니까 물건을 더 싸게 살 수 있는 여러 가지 방법도 알게 되었다. 첫 번째 방법은 토요일에 슈퍼에 가는 것이다. 그 슈퍼는 토요일 오후 2시부터 5시까지 고기, 생선, 야채를 20% 싸게 판다. 그리고 토요일과 일요일에 3만 원 이상 사면 할인[16] 쿠폰을 준다. 이 할인 쿠폰으로 세 가지 물건을 20% 싸게 살 수 있다. 그래서 나는 가능하면 토요일 오후에 슈퍼에 가서 장을 보고[17] 할인 쿠폰도 받는다. 두 번째 방법은 할인 코너를 이용하는 것이다. 유통기한이 얼마 남지 않은 우유나 요구르트, 조금 오래된 채소나 과일은 따로 모아서 20%~50% 싸게 판다. 나는 금방 마실 우유나 요구르트 등은 이 코너에서 자주 산다. 마지막 방법은 특별행사기간을 이용하는 것이다. 그 때에는 날마다 몇 가지 상품을 정해서 아주 싸게 판다. 그 기회를 잘 이용하면 좋은 물건을 싼 값에 살 수 있다. 많이 쓰는 휴지나 비누, 치약 등은 이 때 사면 좋다.

내가 그 슈퍼에 자주 가는 이유는 많다. 우선 그 슈퍼의 물건은 질이 좋다. 과일은 참 달고 채소도 아주 싱싱해서 냉장고에 며칠 동안 있어도 괜찮다. 그리고 자주 가다 보니까 직원들과 친해져서 채소 코너 아주머니는 덤[18]도 주신다. 가격표를 붙이고 나서 꼭 조금씩 더 넣어 주신다. 하지만 뭐니 뭐니 해도 제일 좋은 점은 과일뿐만 아니라 삼겹살, 커피, 만두, 빵, 냉면 등 여러 가지 시식이 많다는 것이다.

요즘에는 직접 가지 않아도 물건을 살 수 있기 때문에 인터넷으로 장을 보는 사람들이 많다. 하지만 나는 직접 눈으로 보면서 물건을 고르는 것이 좋다. 왜냐하면 사람들과 만나서 이런저런 이야기도 할 수 있고 맛도 보면서 사는 재미를 느낄 수 있기 때문이다.

15) 들르다	to stop by	寄る	顺道去
16) 쿠폰	coupon	クーポン	优惠券
17) 장을 보다	to shop for groceries	買い物をする	买食物
18) 덤	something given extra as complimentary; a free gift	おまけ	饶头

어휘 연습

1. 〈보기〉에서 알맞은 말을 골라 (　　　　)에 쓰십시오.

[보기]
끼다　　달콤하다　　시식하다　　운영하다　　장을 보다

1) 자동차 문에 옷이 (　　　　　　)어서/아서/여서 찢어졌다.

2) 요즘에는 부부가 함께 (　　　　　　)는/은/ㄴ 젊은 사람들이 많다.

3) 우리 아버지께서는 20년 동안 컴퓨터 회사를 (　　　　　　)고 계신다.

4) 어제 커피와 함께 먹은 초코 케이크가 참 (　　　　　　)었다/았다/였다.

5) 새로 나온 과자를 (　　　　　　)는/은/ㄴ 행사가 우리 학교 앞에서 있었다.

2. 다음 단어 중 맞지 않는 것을 고르십시오. (　　　　)

❶ 사은품　　❷ 증정품　　❸ 해산품　　❹ 생활용품

3. 다음 글의 내용에 맞게 〈보기〉에서 알맞은 말을 골라 (　　　　)에 쓰십시오.

[보기]
덤　　상가　　사은품　　전단지　　할인점　　유통기한

내가 자주 가는 슈퍼는 우리 아파트 (　　　　　) 지하에 있다. 처음 슈퍼가 문을 열었을 때 일찍 온 손님들에게 개업 떡도 주고 15,000원 이상 산 사람들에게는 (　　　　　)도 주었다. 그 슈퍼는 깨끗한데다가 가격도 싼 편이다. 직원들과도 친해져서 채소를 사면 조금씩 (　　　　　)을/를 준다. 가끔 있는 행사 기간 중에는 몇 가지 물건은 (　　　　　)보다도 싸게 판다. 물론 (　　　　　)을/를 잘 보고 그날 싸게 판매하는 물건이 무엇인지 알아야 한다. 그리고 우유나 요구르트 등은 (　　　　　)이/가 언제인지를 잘 보고 사야 한다.

내용 이해

1. 이 글을 읽고 다음 표를 완성하십시오.

슈퍼의 위치	
슈퍼의 특징	
물건을 싸게 사는 방법	1)
	2)
	3)
내가 자주 가는 이유	1)
	2)
	3)

2. 내가 좋아하는 슈퍼에 대한 설명으로 맞는 것은 무엇입니까? (　　　　)

❶ 슈퍼가 넓고 물건이 다양하다.

❷ 큰 회사에서 운영하는 대형 슈퍼이다.

❸ 깨끗하지만 다른 슈퍼보다 가격은 좀 비싸다.

❹ 버스정류장 근처여서 주차하기가 좀 불편하다.

3. 다음 중 개업식 행사는 무엇입니까? (　　　　)

❶ 1+1 행사　　　　❷ 머그컵 증정

❸ 사은품 증정　　　　❹ 할인 쿠폰 증정

4. 물건을 싸게 살 수 있는 설명으로 맞는 것은 무엇입니까? (　　　　)

❶ 토요일 2시부터 5시까지 우유를 싸게 살 수 있다.

❷ 할인 쿠폰이 있으면 세 가지를 20% 싸게 살 수 있다.

❸ 주말에 3만 원 이상 사면 20% 할인 쿠폰을 쓸 수 있다.

❹ 할인코너를 이용하면 세 가지를 50%까지 싸게 살 수 있다.

5. 이 글의 내용과 같으면 ○, 다르면 × 하십시오.

1) 이 슈퍼를 알게 된 것은 신문을 통해서였다. ( )

2) 특별행사기간 동안에는 주로 생활용품을 산다. ( )

3) 이 슈퍼에 자주 가는 이유는 시식이 많기 때문이다. ( )

4) 이 슈퍼에서는 손님 중 100명을 뽑아 개업 떡을 주었다. ( )

더 생각해 봅시다

1. 다음은 물건을 싸게 사는 방법입니다. 이 외에 여러분이 알고 있는 물건을 싸게 사는 방법이 있습니까?

〈물건을 싸게 사는 방법〉

1. 1+1 행사를 할 때 산다.
2. 마감세일을 이용한다.
3. 할인쿠폰을 사용한다.
4. 카드 포인트를 사용한다.
5. 계절이 지난 상품을 산다.
6. 전단지를 활용해 미리 정보를 얻는다.

03 숫자

1. 숫자 1은 어떤 의미를 가지고 있습니까?

2. 여러분이 특별히 좋아하는 숫자가 있습니까? 그 이유는 무엇입니까?

CD 06

우리는 날마다 숫자와 만난다. 아침에 일어나서 시계를 볼 때, 버스정류장에서 버스를 기다릴 때, 은행에 가서 번호표를 뽑을 때, 하루의 계획을 확인하기 위해 달력을 볼 때 등등. 우리의 일상 속에는 늘 숫자가 있다. 그런데 나라마다 숫자에 대한 생각과 느낌은 다르다. 똑같은 숫자인데도 어떤 나라에서는 좋은 숫자가 되기도 하고, 어떤 나라에서는 나쁜 숫자가 되기도 한다. 숫자가 글자의 발음과 비슷하여 그 의미를 갖는 경우도 있고 종교적인 이유로 숫자의 의미가 결정되는 경우도 있다.

중국 사람들은 8을 아주 좋아한다. 왜냐하면 중국말로 8의 발음이 '돈을 번다'는 뜻과 '사업[1]이 잘 된다'는 뜻을 가진 '發(발)'이라는 한자[2] 발음과 비슷하기 때문이다. 그래서 중국에서는 8이 들어가는 전화번호나 자동차 번호는 비싸게 팔린다. 중국인들의 많은 기대 속에 열렸던 **베이징** 올림픽도 2008년 8월 8일 저녁 8시에 개막식[3]을 했다. 중국 사람들은 9도 좋아한다. 숫자 9는 한자로 九(구)로 쓰는데 '길다, 오래 산다'는 뜻을 갖고 있는 久(구)자와 발음이 같기 때문이다. 그래서 2009년 9월 9일 9시 9분에 결혼을 하고 싶어 하는 신랑, 신부가 많았다. 이 날 결혼을 하면 부부가 오래 사랑하면서 살 것이라고 믿었기 때문이다.

한국 사람들은 3을 좋아한다. 양[4]을 뜻하는 홀수[5] 1과 음[6]을 뜻하는 짝수[7] 2가 합쳐진[8] 3은 완벽한[9] 숫자를 의미하기 때문이다. 한글의 모음도 하늘(・), 땅(ㅡ), 사람(ㅣ), 이 셋이 잘 어울려 하나가 되어야 한다는 생각에서 만들어졌다. 그리고 아기가 태어나면 삼칠일이 지난 후에 손님들을 집에 오게 했는데, 삼칠일은 21일 즉[10] 7일이 3번 지난 것이다. **단군**신화[11]에서 곰이 사람이 된 것도 마늘과

• **베이징**: 중국의 수도 | Beijing(China's capital) | ペキン(中国の首都) | 北京(中国的首都)

1) 사업	business	事業	事业
2) 한자	Chinese character	漢字	汉字
3) 개막식	opening ceremony	開幕式	开幕式
4) 양	positive	(陰陽の)陽	("阴阳"之) 阳
5) 홀수	odd number	奇数	奇数
6) 음	negative	(陰陽の)陰	("阴阳"之) 阴
7) 짝수	even number	偶数	偶数
8) 합치다	to total (when added)	合わさる	合并, 加上
9) 완벽하다	perfect	完璧だ	完美
10) 즉	in other words, namely	つまり	即
11) 신화	myth	神話	神话

쑥[12]을 먹은 지 삼칠일이 되었을 때이다. 또 한국 사람들은 홀수를 좋아한다. 그래서 음력[13] 3월 3일, 5월 5일, 7월 7일처럼 월과 일이 홀수로 같을 때는 좋은 기운[14]이 넘치는[15] 날로 생각하고 여러 행사를 했다.

서양 사람들은 7을 좋아한다. 그들이 숫자 7을 행운[16]의 숫자로 생각하는 것은 성경[17]과 관계가 있다. 하느님이 세상을 6일 동안 만들고 칠일 째는 쉬었기 때문에 7은 완성과 축복[18]을 의미한다. 그래서 서양인들은 전화번호나 자동차 번호에 7이 있으면 행운이 올 거라고 생각한다. 또 카드 게임을 할 때에도 7은 행운의 숫자이다. 옛날 그리스 로마인들은 숫자 4를 좋아했다. 1부터 4까지의 수를 차례대로 더하면 완성을 의미하는 10이 되기 때문이다. 그리고 세상은 동서남북 4개의 방향으로 뻗어 나가기 때문에 4는 세상의 완전수를 의미한다.

동양에서는 4라는 숫자의 발음이 '죽는다'는 뜻을 가진 한자 死(사)와 발음이 같다는 이유로 불길하게[19] 생각한다. 그래서 한국 사람들은 숫자 4가 들어 있는 전화번호나 방 번호를 싫어한다. 이런 이유로 아파트 4층을 영어 F로 많이 표시한다. 특히 병원에는 4층이 없거나 4호가 없는 경우도 있다.

서양인들은 숫자 13을 싫어한다. 13을 불길한 숫자로 믿는 것도 종교적인 이유와 관계가 있다. 왜냐하면 **예수**가 13일의 금요일에 죽었기 때문이다. 또 예수와 12명의 제자[20] 즉 13명이 함께 마지막 식사를 한 후에 예수가 죽었고, 예수를 배반한[21] 제자가 열세 번째 자리에 앉았기 때문이다. 그래서 서양인들은

- **단군**: 한반도에 세워진 최초의 국가인 고조선의 첫 번째 왕. | the first king of the first country(ancient-Chosun) built on the Korean peninsula | 檀君(朝鮮半島に建てられた最初の国家である古朝鮮の初代王) | 檀君(首次在韩半岛上建立了国家——古朝鲜, 并成为古朝鲜的第一任王)
- **예수 (Jesus)**: 성경에 나오는 하느님의 아들 | Jesus(according to the Bible, the Son of God) | イエス・キリスト(聖書に登場する神の子) | 耶稣(圣经中上帝的儿子)

12) 쑥	mugwort	よもぎ	艾草
13) 음력	lunar calendar	旧暦	阴历
14) 기운	energy, vitality	気力	万物力量的源泉
15) 넘치다	to overflow	あふれる	满溢
16) 행운	good luck, fortune	幸運	幸运
17) 성경	the Bible	聖書	圣经
18) 축복	blessing	祝福	祝福
19) 불길하다	unlucky, ominous	縁起が悪い	不吉利
20) 제자	disciple, follower	弟子	门徒
21) 배반하다	to betray	裏切る	背叛

13명의 손님을 초대하거나 13명이 함께 식사하는 것을 싫어한다. 또 호텔의 방 번호나 층수에 13이 없는 경우가 많다. 심한 경우 13일의 금요일에는 출근을 하지 않거나 비행기를 타지 않는 사람들도 있다. 또 서양인들은 숫자 6을 악마[22]의 숫자라고 생각하고 싫어한다. 왜냐하면 완성을 의미하는 7보다 하나가 적기 때문이다. 즉 6은 불완전을 의미하는 숫자이다.

22) 악마 | devil, evil spirit | 悪魔 | 恶魔

어휘 연습

1. 〈보기〉에서 알맞은 말을 골라 (　　　　)에 쓰십시오.

[보기]
성경　　음력　　넘치다　　합치다　　완벽하다

1) 한국에서 (　　　　　　) 8월 15일은 추석이다.

2) 기독교인들은 (　　　　　　)에 쓰여 있는 내용을 믿는다.

3) 명동은 젊은이들의 기운이 (　　　　　　)는/은/ㄴ 곳이다.

4) 이 세상에 단점이 없는 (　　　　　　)는/은/ㄴ 사람은 없다.

5) 선수들이 서로 힘을 (　　　　　　)어야/아야/여야 경기에서 이길 수 있다.

2. 두 단어의 관계가 <u>다른</u> 것을 고르십시오. (　　　　)

❶ 음 – 양　　❷ 행운 – 축복

❸ 홀수 – 짝수　　❹ 천사 – 악마

3. 다음 글의 내용에 맞게 〈보기〉에서 알맞은 말을 골라 (　　　　)에 쓰십시오.

[보기]
음　　한자　　행운　　홀수　　불길하다　　배반하다

나라마다 숫자에 대한 생각과 느낌은 다르다. 중국 사람들은 숫자 8이 '돈을 번다'는 의미의 (　　　　) 發(발)과 음이 같기 때문에 좋아한다. 한국 사람들은 양을 뜻하는 (　　　　) 1과 (　　　　)을/를 뜻하는 짝수 2의 합인 3을 좋아한다. 서양 사람들은 완성과 축복을 의미하는 7을 (　　　　)의 숫자로 생각한다. 동양에서는 숫자 4가 죽음을 의미하기 때문에 싫어한다. 반면에 서양인들은 13일의 금요일에 예수가 죽었기 때문에 13을 (　　　　)는/은/ㄴ 숫자로 생각한다. 또 예수를 (　　　　)는/은/ㄴ 제자가 열세 번째 자리에 앉았기 때문에 나쁜 의미를 지니게 되었다.

내용 이해

1. 이 글을 읽고 빈칸을 채우십시오.

	좋아하는 숫자	이유
중국		
한국		
서양		

	싫어하는 숫자	이유
동양		
서양		

2. 사람들이 숫자를 좋아하고 싫어하는 이유가 다른 하나는 무엇입니까? (　　　　)

❶ 4　❷ 8　❸ 9　❹ 13

3. 다음 중 좋지 않은 선택을 한 경우는 무엇입니까? (　　　　)

❶ 서양 사람이 7월 7일에 결혼을 했다.

❷ 중국 사람이 8월 8일에 식당을 개업했다.

❸ 서양 사람이 친구들과 5월 13일에 파티를 했다.

❹ 한국 사람이 친구 아이가 태어난 지 3주 후에 아기를 보러 갔다.

4. 이 글의 내용과 다른 것은 무엇입니까? (　　　　)

❶ 동양에서는 숫자의 의미가 발음과 관계가 많다.

❷ 숫자는 사람들의 일상 속에서 쉽게 만날 수 있다.

❸ 사람들의 숫자에 대한 느낌과 경제는 아무 관계가 없다.

❹ 서양 사람들의 숫자에 대한 생각과 느낌은 종교의 영향이 크다.

5. 이 글의 내용과 같으면 ○, 다르면 × 하십시오.

1) 한국 사람들은 음을 의미하는 홀수를 좋아한다. (　　　　)

2) 서양 사람들이 숫자 13을 싫어하게 된 것은 성경과 관계가 있다. (　　　　)

3) 숫자 4가 불길한 숫자이기 때문에 서양의 아파트에는 4층이 없다. (　　　　)

4) 중국에서는 숫자 8이 들어가는 전화번호나 자동차 번호가 인기가 있다. (　　　　)

더 생각해 봅시다

1. 나라마다 사람들이 좋아하는 숫자와 싫어하는 숫자가 다릅니다. 나라마다 어떻게 다른지 이야기해 봅시다.

나라	좋아하는 숫자	이유
중국	9	'길다, 오래 산다'는 뜻을 가진 한자 久(구)와 발음이 비슷하기 때문에

나라	싫어하는 숫자	이유
일본	9	숫자 9의 발음이 '고생한다'의 뜻을 가진 한자 苦(고)와 발음이 비슷하기 때문에

건강

01 걷기

02 뇌

03 느리게 걷기

01 감기

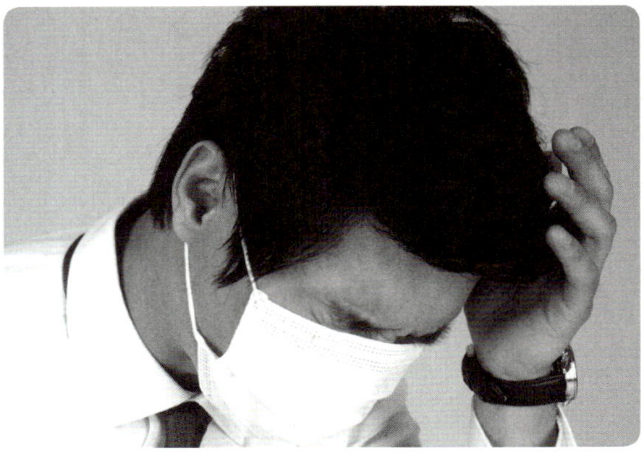

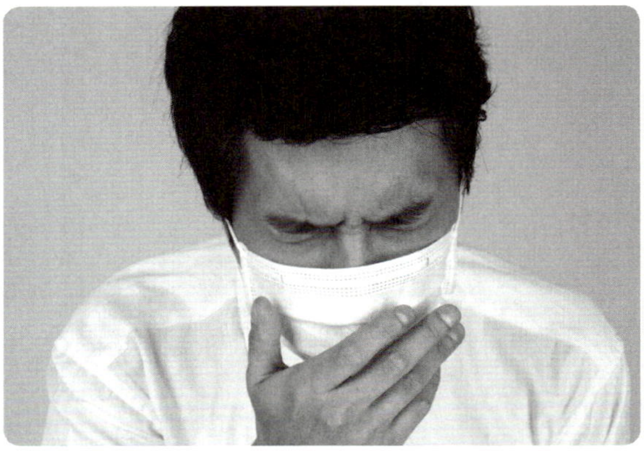

1. 감기에 걸리면 보통 어떤 증상이 있습니까?

2. 여러분의 나라에서는 감기에 걸리면 어떤 음식을 먹습니까?

가장 흔한[1] 병인 감기는 옛날에는 코에서 열이 난다고 하여 '고뿔'(코+불)이라 불렀다. 대부분 바이러스가 원인이지만 바이러스가 몸에 들어왔다고 해서 모두 감기에 걸리지는 않는다. 우리 몸이 병과 싸울 수 있는 힘이 있으면 바이러스가 들어와도 모두 죽는다.

감기의 증상은 다양한데, 그 증상에 따라 코감기, 목감기, 기침감기 등으로 나눈다. 대개[2]는 열이 나고, 몸이 떨리고 콧물이 나거나 목이 붓는 등 여러 가지 증상이 함께 나타난다. 그러면 감기에 걸렸을 때 어떻게 해야 할까?

감기에는 특별한 약이 없다. 그래서 감기에 걸렸을 때 '약 먹으면 일주일, 약 안 먹으면 칠 일'이라는 얘기가 있다. 감기약은 대개 항생제[3]와 해열제로 몸에 별로 좋지 않다. 그리고 자주 항생제를 먹으면 병과 싸울 수 있는 힘이 떨어져 점점 더 강한 약을 먹어야 된다. 감기의 치료에는 무엇보다도 영양 섭취[4]와 충분한 휴식이 필요하다. 실내 온도와 습도[5]를 적당히[6] 유지하고[7] 물을 많이 마시는 것이 좋다. 감기에 걸리면 식욕이 떨어지고 소화가 잘 안 되기 때문에 조금씩 먹고 주스나 보리차를 자주 마시는 것이 좋다.

민간요법은 금세 감기가 뚝[8] 떨어지거나 갑자기 좋아지게 하는 것이 아니라 감기에 대한 저항력[9]을 길러준다. 한국에서는 감기에 걸리면 몸에 좋은 여러 가지 차를 끓여서 뜨겁게 마신다. 생강차는 몸을 따뜻하게 하여 몸이 떨릴 때에 좋고 두통이나 가래[10]에도 좋다. 모과[11]차는 목감기나 기침에 좋다. 또 기침이 심할 때는 배에 꿀을 넣고 푹 끓여서 그 즙[12]을 마시기도 한다. 배는 기침을 멎게[13]

1) 흔하다	common	ありふれた	常有的
2) 대개	usually, generally	たいてい	大部分
3) 항생제	antibiotics	抗生物質	抗生素
4) 섭취	intake, ingestion	摂取	摄取
5) 습도	humidity	湿度	湿度
6) 적당히	adequately	ほどよく	适当地
7) 유지하다	to maintain	保つ	维持
8) 뚝	suddenly	ぴたっと	一下子
9) 저항력	resistance	抵抗力	抵抗力
10) 가래	phlegm	たん	痰
11) 모과	quince (Chinese fruit)	カリン	木瓜
12) 즙	juice	汁	汁
13) 멎다	to stop	止まる	停

하고 가래를 없애주며 갈증[14]을 풀어 준다. 파뿌리는 열을 내리게 하며 코감기에 효과적이다

누구나 쉽게 걸리는 감기지만 민간요법을 잘 알면 큰 돈 들이지 않고 주변에서 쉽게 구할 수 있는 재료를 이용해서 병원에 가지 않고도 감기를 잘 이겨낼[15] 수 있다.

---

14) 갈증	thirst	渇き	口渴
15) 이겨내다	to overcome	打ち勝つ	克服

어휘 연습

1. 〈보기〉에서 알맞은 말을 골라 (　　　　)에 쓰십시오.

[보기]
즙　　해열제　　흔하다　　유지하다　　이겨내다

1) 어제 밤에 열이 많이 나서 (　　　　　　)을/를 먹었다.

2) 사과를 갈아서 (　　　　　　)을/를 마시면 피부에 좋다.

3) 건강을 (　　　　　　)기 위해 날마다 30분씩 운동을 한다.

4) 책이나 CD같은 (　　　　　　)은/ㄴ 선물보다는 특별한 선물이 기억에 남는다.

5) 자전거 동호회에 가입하여 유학 생활의 어려움을 (　　　　　　)었다/았다/였다.

2. 다음 단어 중 맞지 <u>않는</u> 것을 고르십시오. (　　　　)

❶ 수면제　　❷ 소화제　　❸ 항생제　　❹ 두통제

3. 다음 글의 내용에 맞게 〈보기〉에서 알맞은 말을 골라 (　　　　)에 쓰십시오.

[보기]
가래　　갈증　　섭취　　저항력　　멎다　　적당히

우리가 자주 걸리는 흔한 병인 감기는 바이러스가 우리 몸에 들어와 걸린다. 그러나 바이러스가 들어왔다고 모두 감기에 걸리는 게 아니라 우리 몸의 (　　　　　)이/가 떨어졌을 때 걸리는 것이다. 보통 감기에 걸리면 실내 온도와 습도를 (　　　　　) 잘 유지해야 한다. 감기 치료에는 충분한 휴식과 영양 (　　　　　)이/가 필요하다. (　　　　　)이/가 나기 때문에 자주 물을 마시는 것도 중요하다. 감기에 좋은 음식 중 하나인 배도 기침을 (　　　　　)게 해주고 (　　　　　)을/를 없애 준다.

YONSEI KOREAN READING 3

내용 이해

1. 이글의 내용을 정리해 봅시다.

감기의 원인	
감기의 증상	
감기의 종류	
감기 치료 방법	

2. 감기를 증상에 따라 나눈 것이 아닌 것은 무엇입니까? (　　　　)

❶ 열감기　❷ 코감기　❸ 목감기　❹ 독감

3. 감기는 '약 먹으면 일주일, 약 안 먹으면 칠 일' 이라는 말은 무슨 뜻입니까? (　　　　)

❶ 감기에 낫게 하는 약은 없다.

❷ 감기는 한 번 걸리면 오래 간다.

❸ 감기는 약을 먹지 않는 게 좋다.

❹ 감기는 약을 먹어야 빨리 낫는다.

4. 감기의 증상과 그 치료에 효과적인 것이 아닌 것은 무엇입니까? (　　　　)

❶ 열이 나고 코감기가 심하다 – 꿀

❷ 가래가 많고 갈증이 난다 – 배즙

❸ 몸이 떨리고 두통이 있다 – 생강차

❹ 목이 아프고 기침이 난다 – 모과차

5. 이 글의 내용과 같으면 ○, 다르면 × 하십시오.

1) 자주 항생제를 먹으면 병에 대한 저항력이 높아진다. (　　)

2) 감기에 걸리면 코에 열이 나서 옛날에는 고뿔이라 했다. (　　)

3) 감기에 걸렸을 때는 영양 섭취를 위해 많이 먹는 게 좋다. (　　)

4) 콧물이 많이 날 때 배에 꿀을 넣어 끓인 즙을 먹으면 좋다. (　　)

더 생각해 봅시다

1. 여러분의 나라에는 어떤 민간요법이 있습니까? 친구와 이야기해 봅시다.

증상	한국	여러분의 나라
햇볕에 탔을 때	감자를 갈아 바른다	
불에 데었을 때	찬물에 담근다	
벌에 쏘였을 때	된장을 바른다	

02 화

1. 화를 참는 것이 건강에 좋을까요? 화를 내는 것이 건강에 좋을까요?

2. 여러분은 화가 나면 어떻게 합니까? 자신의 경우와 같은 것에 ✓하십시오.

잠을 잔다	(　　)	춤을 춘다	(　　)
많이 먹는다	(　　)	노래를 부른다	(　　)
물건을 던진다	(　　)	운동을 한다	(　　)
소리를 지른다	(　　)	짜증을 낸다	(　　)
쇼핑을 한다	(　　)	술을 마신다	(　　)

자주 화를 내는 아들 때문에 고민하던 아버지가 있었다. 그는 아들에게 나무판[1] 하나와 못[2]이 든 주머니를 주면서 화가 날 때마다 나무판에 못을 박으라고[3] 했다. 아들은 첫날 못을 30개 박았다. 그러나 다음날은 못을 27개, 그 다음날은 24개, 못의 수는 점차 줄어들었다. 아들은 못 박는 것이 너무 힘들어 그냥 화를 참는 것이 낫겠다고 생각했다. 점점 함부로[4] 화를 내는 버릇이 사라졌다. 어느 날 아버지에게 이제 못을 그만 박겠다고 말했다. 이 말을 듣고 이번에는 화를 잘 참았을 때마다 못을 하나씩 뽑으라고 했다. 나무판의 못을 모두 뽑은 날, 아버지는 아들을 보고 말했다. "잘 했다. 그런데 나무판에 있는 못 자국[5]이 보이니? 네가 화나서 한 말들이 이 자국처럼 누군가에게 아픔을 남기기도 한단다. 그러니까 화를 낼 때 한 번 더 생각해 봐라. 그리고 말로 다른 사람을 아프게 하는 일이 없도록 해라." 이 이야기에서 아버지는 아들에게 화를 내지 말라고 한다. 그리고 화를 내서 다른 사람에게 상처[6]를 줄 수 있음을 가르쳐 주고 있다.

현대인들은 바쁜 일상 속에서 스트레스를 받으며 살아간다. 그리고 그 스트레스 때문에 화가 난다. 그런데 화가 났을 때 그 화를 겉으로 표현하는[7] 사람들이 있는가 하면, 화를 참으며 속으로 속상해하는[8] 사람들도 있다. 건강을 위해서는 어떤 것이 더 바람직할까[9]? 화를 내지 않고 무조건[10] 참게 되면 화가 마음속에 남아 병이 생기게 된다. 흔히[11] '화병'이라고 부르는데 머리가 아프거나 소화가 잘 안되기도 한다. 어느 조사 결과에 따르면 화를 참은 사람이 화를 내며 산 사람보다 더 오래 살지 못한다고 한다. 그러나 화를 심하게 내면 몸의 각 부분[12]에 안 좋은 영향[13]을 주게 된다. 소리를

1) 나무판	wooden board	板	木板
2) 못	nail	くぎ	钉子
3) 박다	to hammer, drive into	打ち付ける	钉
4) 함부로	thoughtlessly, carelessly	やたらに	随意
5) 자국	mark (left behind)	跡	痕迹
6) 상처	hurt feelings, injury	傷	伤痛
7) 표현하다	to express, show	表す	表现
8) 속상하다	upset, distressed	腹を立てる	伤心
9) 바람직하다	desirable	望ましい	所希望的
10) 무조건	unconditionally	無条件	无条件
11) 흔히	commonly; often	よく	常常
12) 부분	part	部分	部位
13) 영향	influence	影響	影响

지르고 물건을 던지면서 화를 내면 혈압이 오르고 심장[14]에 부담[15]을 준다. 화를 조절하지 못하면 말로 상처를 줄 뿐만 아니라 심한 경우에는 폭력[16]을 쓰기도 한다. 그래서 화를 내는 것은 나 자신의 건강에도 안 좋을 뿐만 아니라 남에게도 큰 상처를 준다.

그렇다면 현대인이 건강하게 살기 위해서는 어떻게 화를 조절해야 할까? 화를 내기 전에 다음 세 가지를 생각한다면 그 답을 찾을 수 있다. 첫 번째, 내 건강과 바꿀 만큼 중요한 일인가? 사소한[17] 경우인데도 화를 내서 내 건강이 나빠진다면 화를 낼 필요가 없다. 그냥 별 거 아니라고 가볍게 생각하고 지나가면 마음도 편안해지고 화도 사라지게 될 것이다. 그러나 화를 내야 하는 상황에도 화를 내지 않고 꾹[18] 참으면 스트레스가 쌓여서 오히려[19] 정신 건강에 좋지 않다. 두 번째는 옳은[20] 화인가? 즉 '화를 내는 것이 옳은가' 하고 한 번쯤 생각해 본 뒤에 화를 내면, 화가 난다고 해서 무조건 화를 내고 후회하는[21] 일은 생기지 않을 것이다. 한국 속담에 '방귀 뀐[22] 놈이 화를 낸다.'는 말이 있다. 이 말은 자기가 잘못을 하고도 화를 내는 경우를 말한다. 세 번째는 과연 화를 내는 것이 문제 해결에 효과적인가? 화를 내서 문제가 해결될[23] 수 있으면 화를 내도 좋지만 화를 내도 문제 해결에 전혀 도움이 되지 않는다면 꼭 화를 낼 필요는 없다. 운동 경기가 끝난 후에 졌다고 물건을 던지거나 소리를 지르며 화를 내는 사람들이 있다. 그러나 화를 내도 경기의 결과는 바꿀 수가 없다.

스트레스가 많은 현대인들에게 화는 늘 가까이에 있다. 언제 화를 내고 언제 화를 참아야 하는지를 잘 생각해서 화를 조절할 수 있다면 현대인들은 건강하게 살 수 있을 것이다.

---

14) 심장	heart	心臓	心脏
15) 부담	burden	負担	负担
16) 폭력	violence	暴力	暴力
17) 사소하다	trivial, insignificant	とるに足らない	区区
18) 꾹	with an effort; patiently	ぐっと	使劲
19) 오히려	on the contrary; rather	むしろ	反而
20) 옳다	right, proper	正しい	正确
21) 후회하다	to regret	後悔する	后悔
22) 방귀를 뀌다	to fart, pass gas	おならをする	放屁
23) 해결되다	to be resolved	解決する	解决

어휘 연습

1. 〈보기〉에서 알맞은 말을 골라 (   )에 쓰십시오.

[보기]
옳다　　사소하다　　속상하다　　표현하다　　후회하다

1) 짜증이 나면 (   )는/은/ㄴ 일에도 화를 잘 내게 돼요.

2) 요즘 젊은 사람들은 카드나 선물로 사랑을 (   )는다/ㄴ다/다.

3) 아버지께 받은 소중한 시계를 잃어버려서 (   )어요/아요/여요.

4) 친한 친구라도 말을 함부로 하면 (   )는/은/ㄴ 일이 생기게 된다.

5) 시험 시간에 다른 사람의 시험지를 보는 것은 (   )지 않은 행동이다.

2. '꾹' 과 어울리지 <u>않는</u> 단어는 무엇입니까? (   )

❶ 참다　　❷ 누르다　　❸ 때리다　　❹ 찌르다

3. 다음 글의 내용에 맞게 〈보기〉에서 알맞은 말을 골라 (   )에 쓰십시오.

[보기]
상처　　폭력　　영향　　무조건　　함부로　　조절하다　　해결되다

사람들은 화가 나면 보통 짜증을 내거나 큰 소리를 친다. 또 아무 관계없는 사람에게 말로 화를 내서 (   )을/를 주기도 한다. 그리고 심한 경우에는 (   )을/를 사용하여 다른 사람에게 큰 아픔을 주기도 한다.

화가 났을 때 겉으로 화를 표현하지 않고 (   ) 속으로 참는 것도 병이 될 수 있다. 하지만 화가 났을 때마다 (   ) 화를 낸다면 자신과 다른 사람의 건강에 나쁜 (   )을/를 줄 수 있다. 또 화를 낸다고 문제가 다 (   )는/은/ㄴ 것도 아니다. 따라서 스트레스가 많은 현대인들이 건강하게 살려면 화를 잘 (   )을/ㄹ 수 있어야 한다.

내용 이해

1. 각 단락의 중심 내용을 연결하십시오.

첫 번째 단락 •		• 화를 자주 내는 아들의 이야기
두 번째 단락 •		• 현대인과 화
세 번째 단락 •		• 화를 조절하는 방법
네 번째 단락 •		• 화와 건강과의 관계

2. 아버지는 왜 아들에게 못을 박고 뽑게 했습니까? (   )

❶ 아들이 자주 화를 내서 혼내주려고

❷ 못을 박고 뽑는 것이 건강에 좋기 때문에

❸ 화를 내는 효과적인 방법을 알려주기 위해서

❹ 화를 참는 것의 중요함을 가르쳐 주기 위해서

3. 화를 내기 전에 생각해야 하는 3가지가 아닌 것은 무엇입니까? (   )

❶ 지금이 화를 낼 적당한 때인가 생각해 본다.

❷ 작은 일에도 화를 내는 것인지 생각해 본다.

❸ 화를 내면 문제가 해결될 수 있는지 생각해본다.

❹ 화낼 이유가 없는데도 화를 내는 것인지 생각해 본다.

4. 이 글에서 사람들이 겉으로 화를 표현하는 행동이 아닌 것은 무엇입니까? (   )

❶ 짜증을 낸다. ❷ 소리를 지른다.

❸ 물건을 던진다. ❹ 사람을 때린다.

5. 이 글의 내용과 같으면 ○, 다르면 × 하십시오.

1) 아들은 못을 점점 많이 박았다. (　　　)

2) 화병은 화를 속으로 참아서 생기는 병이다. (　　　)

3) 화를 참은 사람이 화를 낸 사람보다 오래 산다. (　　　)

4) 화가 많이 나면 스스로 조절할 수 없는 경우도 있다. (　　　)

더 생각해 봅시다

1. 다음은 '화' 와 관계있는 속담입니다. 그림을 보면서 무슨 뜻인지 생각해 봅시다.

• 방귀 뀐 놈이 화를 낸다.

• 지렁이도 밟으면 꿈틀거린다.

• 돌을 차면 내 발부리만 아프다.

• 종로에서 뺨 맞고 한강에서 화풀이한다.

YONSEI KOREAN READING 3

03 느리게 살기

그림 출처: 슬로시티

1. 느리게 사는 것과 게으르게 사는 것은 어떻게 다를까요?

2. 여러분이 얼마나 '느리게' 살고 있는지 ✓하십시오.

식사 시간이 20분을 넘지 않는다.	(　　　)
대형 마트에서 물건을 살 때가 많다.	(　　　)
휴대폰을 가지고 있지 않으면 불안하다.	(　　　)
일주일에 패스트푸드를 5회 이상 먹는다.	(　　　)
사서 먹는 것이 직접 요리하는 것보다 좋다.	(　　　)
걷는 것이 싫어서 멀지 않은 곳도 자동차를 이용한다.	(　　　)

"느림이라는 말은 그냥 빠름의 반대가 아니다. 느리게 살기는 옛날로 돌아가자는 것이 아니다. 느리게 살기는 미래를 향해[1] 가면서 과거와 현재를 잊지 않는 것이다." 이 말은 느리게 살기 운동을 처음 시작한 **파올로 사투르니니**의 말이다. 느리게 살기 운동은 1999년 이탈리아의 한 작은 가을 **그레베 인 키안티**에서 시작되었다.

이 마을에는 큰 공장[2]이 없다. 마을의 많은 사람들은 전통적인 방법으로 일을 하면서 산다. 농부들은 대개 농장[3]에서 올리브[4]와 포도를 키운다. 엄마와 딸은 손수건과 식탁보[5]를 직접 손으로 만든다. 아버지와 아들은 양을 직접 키워서 치즈를 만든다. 마을의 숲에서 나오는 나무만으로 가구를 만들어 판매하는[6] 사람도 있다. 이런 물건들은 도시의 백화점에서 파는 물건보다 값이 비싸지만 이 마을을 찾는 관광객들에게 인기가 많다.

이 마을에는 대형 마트나 패스트푸드점[7]이 없다. 그 이유는 인스턴트 식품을 먹지 않는 것이 건강에 얼마나 중요한지 알기 때문이다. 신선한[8] 고기와 채소가 주변[9]에 얼마든지 있어서 언제든지 음식을 만들어서 먹을 수 있다. 집 안에 쌓아 놓고 먹을 필요가 없기 때문에 마을 사람들은 큰 냉장고를 사용하지 않는다. 음식점에서도 마을에서 직접 농사해서[10] 키운 재료로 옛날 방법을 이용해서 음식을 만든다.

- **파올로 사투르니니** : 느리게 살기 국제연맹 창시자 | Paolo Saturnini(the founder of the International Federation of Slow Living) | パウロ・サトゥルニーニ（「スローシティ運動」提唱者） | 保罗·萨图米尼(国际'缓慢城市'联盟创始人)
- **그레베 인 키안티** : 이탈리아 중북부의 작은 마을로 최초의 느리게 살기 마을이 있는 곳 | Graebe in Chianti(a town in Italy, where the movement of Slow Living was first introduced) | グレーベ・イン・キアンティ(イタリア中北部の小さな村で最初の「スローシティ」のある場所) | 格雷贝 基安第(位于意大利中北部的一个小村庄'缓慢城市'运动最初的起源地)

1) 향하다	to head toward	向かう	朝着
2) 공장	factory	工場	工厂
3) 농장	farm	農場	农场
4) 올리브	olive	オリーブ	橄榄树
5) 식탁보	tablecloth	テーブルクロス	餐桌布
6) 판매하다	to sell	売る	销售
7) 패스트푸드점	fast food restaurant	ファーストフード店	快餐店
8) 신선하다	fresh	新鮮だ	新鲜
9) 주변	surroundings	周り	周边
10) 농사하다	to farm	農業をする	干农活

이 마을에는 현대식[11] 건물들이 거의 없다. 이곳의 전 시장[12]인 사투르니니는 전통과 자연을 보호하면서 마을을 개발하기[13] 위해서 새 건물을 많이 짓지 못하게 했다. 사람들은 마음대로[14] 새 건물을 짓지 못하기 때문에 오래된 건물을 고쳐서 쓴다. 마을 사람들이 살고 있는 집들은 대부분[15] 그들의 아버지, 할아버지 때부터 살던 집이다. 관광객이 많아지면서 마을에 호텔이 필요하게 되었을 때는 오래된 성[16]을 고쳐서 호텔로 만들었다. 또한 마을에 들어와 살 사람이 아니면 이곳의 땅[17]이나 집을 살 수 없다. 그 이유는 이 마을의 특별한 생활 방식[18]을 보호하기 위해서이다. 이런 규칙들 때문에 마을 사람들은 전통을 지키면서 살 수 있게 되었다.

크레베 인 키안티와 같은 느리게 살기 마을은 여러 나라 사람들에게서 관심을 받고 있다. 그 이유는 다른 마을에 없는 것들이 여기에 있기 때문이다. 이곳에는 전통적인 방법으로 만든 물건이 있고, 필요할 때 바로 먹을 수 있는 신선한 음식 재료들이 있다. 또 사람만 다닐 수 있게 만든 좁은 길도 있다. 이런 것 때문에 이곳 사람들은 전통의 소중함을 배우고 건강한 삶[19]을 살면서 생활의 여유를 느낀다. 평소[20]에 우리들의 생활을 편리하게 해준다고 생각했던 것들이 없어서 느리게 살기 마을에서의 생활이 불편하게 보일 수도 있다. 하지만 그런 것들이 없기 때문에 이 마을 사람들은 더 많은 행복과 여유를 느끼며 살아간다.

11) 현대식	modern style	現代式	现代式
12) 시장	mayor	市長	市长
13) 개발하다	to develop	開発する	开发
14) 마음대로	as one likes	勝手に	随便
15) 대부분	most, the majority	大部分	大部分
16) 성	castle	城	城堡
17) 땅	land	土地	土地
18) 생활 방식	lifestyle	生活スタイル	生活方式
19) 삶	living, life	暮らし	生活
20) 평소	usual, ordinary	普段	平时

어휘 연습

1. 〈보기〉에서 알맞은 말을 골라 (   )에 쓰십시오.

[보기]
향하다　　개발하다　　농사하다　　신선하다　　판매하다

1) 바다와 가까운 마을에는 (   )는/은/ㄴ 생선이 많다.

2) 세일 기간에는 여러 가지 물건을 아주 싸게 (   )는다/ㄴ다/다.

3) 시골에 계신 부모님은 매년 직접 (   )는/은/ㄴ 곡식을 보내주신다.

4) 아이는 엄마를 보고 엄마를 (   )어서/아서/여서 뛰어왔다.

5) 그 회사에서 이번에 (   )는/은/ㄴ 제품은 이전 제품만 못하다.

2. '키우다'와 같이 쓸 수 <u>없는</u> 단어는 무엇입니까? (   )

❶ 강아지　　❷ 손톱　　❸ 아이　　❹ 채소

3. 다음 글의 내용에 맞게 〈보기〉에서 알맞은 말을 골라 (   )에 쓰십시오.

[보기]
땅　　공장　　주변　　대부분　　현대식　　마음대로

이탈리아에는 느리게 살기 마을이 있다. 이곳에는 큰 (   )이/가 없다. 마을 사람들은 (   ) 전통적인 방법으로 일을 한다. 또한 이곳에는 대형 마트나 패스트푸드점이 없다. 그 이유는 마을에서 나는 신선한 음식 재료를 필요할 때마다 (   )에서 쉽게 구할 수 있기 때문이다. 이곳에서는 건물을 (   )지을 수 없기 때문에 (   )건물이 거의 없다. 마을 사람들은 조상들이 살던 집에서 생활하고, 새 건물이 필요할 때에는 오래된 건물을 고쳐서 사용한다. 이 마을에서 살지 않을 사람은 (   )이나/ㄴ 집을 살 수 없기 때문에 마을 사람들은 전통을 지키며 살 수 있다. 이 마을에는 사람들의 생활을 편리하게 해주는 것들은 없지만 이곳에만 있는 것들이 있어서 마을 사람들은 좀 더 여유를 느끼며 산다.

YONSEI KOREAN READING 3

내용 이해

1. 이 글을 읽고 빈칸을 채우십시오.

느리게 살기 마을에 없는 것	느리게 살기 마을에 있는 것
1. ________________	1. ________________
2. ________________	2. ________________
3. ________________	3. ________________

2. 이 마을에 현대식 호텔을 짓지 <u>않는</u> 이유는 무엇입니까? (   )

❶ 관광객이 별로 없어서

❷ 마을에 필요하지 않기 때문에

❸ 전통과 자연을 보호하기 위해서

❹ 새 건물을 못 짓게 하는 법이 있기 때문에

3. 마을 사람들의 집에 큰 냉장고가 <u>없는</u> 이유는 무엇입니까? (   )

❶ 시간이 많아서 자주 시장에 가기 때문에

❷ 신선한 재료들을 바로 구할 수 있기 때문에

❸ 옛날 방법을 이용해서 음식을 만들기 때문에

❹ 물건을 한 번에 많이 살 수 있는 대형 마트가 없기 때문에

4. 느리게 살기 마을에 대한 설명으로 맞는 것은 무엇입니까? (   )

❶ 이 마을에서 파는 물건들은 값이 싸서 인기가 많다.

❷ 자연보호를 위해서 함부로 현대식 건물을 지을 수 없다.

❸ 마을 사람들의 집을 고쳐서 관광객들이 지낼 곳을 만들었다.

❸ 마을 사람들은 신선한 음식 재료를 미리 사서 냉장고에 넣어 둔다.

4. 이 글의 내용과 같으면 ○, 다르면 × 하십시오.

1) 마을 사람들은 땅을 사고 팔 수 있다. ( )

2) 이 마을에서는 새 건물을 지을 수 없다. ( )

3) 관광객들은 이 마을이 불편하기 때문에 좋아한다. ( )

4) 느리게 살기 운동은 옛날 방식으로 돌아가자는 것이다. ( )

더 생각해 봅시다

1. 다음 글을 읽고 여러분이 할 수 있는 느리게 사는 방법에 대해서 이야기해 보십시오.

우리 집에서 회사까지는 버스로 세 정거장 정도 떨어져 있다. 아침잠이 많은 나는 매일 급하게 준비하고 집에서 나와 버스를 타고 회사에 출근한다. 그런데 어느 날 교통사고가 났는지 버스가 너무 안 와서 할 수 없이 걸어서 출근하게 되었다. 처음엔 지각을 하게 된 것이 너무 화가 나서 앞만 보면서 열심히 걷기만 했다. 하지만 조금 걷다 보니 그동안 버스 안에만 있어서 보지 못했던 여러 가지 건물과 가게, 사람들의 모습이 보였다. '아, 이런 곳이 있었나?' 하는 것들이 많아서, 정말 내가 이 동네 사람이었는지 의심까지 들었다. 게다가 활기찬 아침 풍경이 나에게 힘을 주는 것 같았다. 이 일 이후에 난 걸어서 출근하기 시작했다. 그래서 그런지 요즘은 내 생활에 좀 더 여유가 생겼고, 스트레스도 많이 준 것 같다.

제4과 공연과 감상

01 담양 대나무 축제

02 달러짜리 공연

03 보는 그림, 읽는 그림

01 담양 대나무 축제

사진제공: 담양군청 문화관광과

1. 대나무 축제에서는 무엇을 할까요?

2. 여러분이 가 본 축제는 무엇입니까?

CD 10

지난 5월 중간시험이 끝나고 친구들과 같이 대나무 축제가 열리는 담양에 갔다. 주말인데다가 축제 기간이라서 그런지 도로는 꽉 막혔다. 하지만 오랜만에 가는 여행이라서 친구들과 즐겁게 이야기하면서 가니까 지루한 줄 몰랐다.

점심때가 좀 지나서 **담양**에 도착한 우리는 바로 식당에 들러 점심을 먹었다. 식당 아주머니가 담양에서는 대통밥이 제일 유명하다고 해서 우리는 대통밥을 먹기로 했다. 조금 후에 식사가 나왔는데 처음 본 대통밥은 정말 놀라웠다[1]. 대통밥은 대나무 통 안에 쌀과 함께 건강에 좋은 여러 가지 재료를 넣어서 만든 것인데 너무 예뻐서 그냥 먹기엔 아까운[2] 생각이 들었다. 맛을 보니까 대나무 냄새도 나고 아주 맛있었다. 나는 밥을 다 먹고 나서 기념으로 빈 대나무 통을 가지고 왔다.

점심을 먹은 후 우리는 대나무 숲을 구경하러 갔다. 대나무가 시원스럽게[3] 쭉쭉[4] 뻗어 있었다. 대나무 잎이 바람에 흔들리는[5] 소리를 들으면서 숲 속을 걸으니까 몸과 마음이 다 깨끗해지는 것 같았다. 숲에서 나오니 한쪽 무대에서는 국악 공연을 하고 있었다. 한복을 입고 대나무로 만든 대금[6]을 부는 모습이 아주 인상적이었다. 대금 소리는 좀 낮아서 그런지 슬프게 들렸다.

공연이 끝나고 친구들과 대나무로 만든 죽마[7]를 탔다. 처음에는 넘어지고 잘 걸을 수 없었는데 몇 번 해 보니까 재미있었다. 요즘에는 잘 볼 수 없지만 옛날에는 어린아이들이 친구들과 같이 죽마를 타며 놀았다고 한다.

이것저것 구경하다가 보니까 날이 어두워졌다. 돌아갈 시간이 다 되어 버스에 올라타니까 비가 내리기 시작했다. 대나무 조명[8]이 하나 둘 켜졌다. 빗속에서 보이는 대나무로 만든 전등 갓[9]이 무척 아름다웠다. 한국에 온 지 7개월, 축제에

> •**담양** : 전라남도에 있는 도시 | a city in the southern part of Jella-do　全羅南道にある都市 | 潭阳(韩国的城市名, 位于全罗南道)

1) 놀랍다	surprising, amazing	驚く	惊人
2) 아깝다	too good (for)	惜しい、もったいない	可惜
3) 시원스럽다	clear and well-defined	すがすがしい	利落
4) 쭉쭉	(stretch) continuously	すらりと	挺拔地
5) 흔들리다	to rustle	揺れる	被摇动
6) 대금	a large flute	韓国の伝統音楽で使われる横笛	长笛
7) 죽마	stilts	竹馬	竹马
8) 조명	illumination, lighting	照明	照明
9) 갓	lampshade	笠	罩儿

참가한[10] 것은 대나무 축제가 처음이었다. 한국 문화도 체험하고[11] 좋은 추억을 만들 수 있는 축제에 또 참가하고 싶다.

10) 참가하다	to participate	参加する	参加
11) 체험하다	to experience	体験する	体验

어휘 연습

1. 〈보기〉에서 알맞은 말을 골라 (　　　　)에 쓰십시오.

[보기]
놀랍다　아깝다　참가하다　흔들리다　체험하다

1) 가을바람에 나뭇잎이 (　　　　　　)는/은/ㄴ 소리가 아주 듣기 좋다.

2) 선물로 받은 초콜릿이 너무 예뻐서 먹기가 (　　　　　　)는다/ㄴ다/다.

3) 3급 연극 대회는 반 학생들 모두 (　　　　　　)어야/아야/여야 한다.

4) 대나무 축제는 한국 문화를 직접 (　　　　　　)을/ㄹ 수 있는 좋은 시간이었다.

5) 다섯 살 어린아이가 그렇게 어려운 문제를 푸는 것을 보니까 너무 (　　　　　　)는다/ㄴ다/다.

2. 두 단어의 연결이 자연스럽지 않은 것은 무엇입니까? (　　　　)

❶ 쭉쭉 – 뻗다　❷ 꽉 – 막히다
❸ 푹 – 놀다　❹ 뚝 – 떨어지다

3. 다음 글의 내용에 맞게 〈보기〉에서 알맞은 말을 골라 (　　　　)에 쓰십시오.

[보기]
갓　공연　조명　추억　시원스럽다　인상적이다

지난 5월에 나는 담양 대나무 축제에 참가했다. 맛있는 대통밥을 먹고 대나무가 (　　　　　)게 뻗은 대나무 숲 속도 걸었다. 국악 (　　　　　)을/를 봤는데 대금 연주가 참 (　　　　　)었다/았다/였다. 대나무로 만든 죽마도 타고 재미있게 놀았다. 어두워진 길가에는 대나무 (　　　　　)이/가 비치고 있었는데 대나무로 만든 (　　　　　)이/가 무척 아름다웠다. 한국 문화를 체험할 수 있는 축제에서 아름다운 (　　　　　)을/를 많이 만들고 왔다. 다른 축제에도 가 보고 싶다.

내용 이해

1. 다음은 담양에서 경험한 것입니다. 그 일에 대한 느낌을 이 글에서 찾아 쓰십시오.

경험한 것	느낌
대통밥	
대나무 숲	
국악 공연	인상적이었다
죽마	
대나무 전등 갓	

2. 다음 중 대통밥에 대한 설명으로 맞는 것은 무엇입니까? (　　　　)

❶ 담양의 대표적인 음식이다.
❷ 모양은 별로 예쁘지 않지만 맛은 아주 좋다.
❸ 대나무 잎이 들어 있어서 대나무 냄새가 난다.
❹ 대나무 통 안에 대나무와 여러 재료를 넣어 만든다.

3. 이 글의 내용과 다른 것은 무엇입니까? (　　　　)

❶ 대통밥을 먹은 후에 대나무 숲 속을 걸었다.
❷ 바람에 대나무 잎이 흔들리는 소리를 들었다.
❸ 한복을 입고 대금을 연주하는 모습이 인상적이었다.
❹ 대나무 숲을 구경하고 대나무로 죽마를 만들어서 탔다.

4. 이 글의 내용과 맞는 것은 무엇입니까? (　　　　)

❶ 죽마 타기는 쉽게 배울 수 없다.
❷ 나는 지난 가을에 담양에 처음으로 갔다.
❸ 좋은 추억을 만들 수 있는 축제에 또 가고 싶다.
❹ 국악 연주를 들으니 마음이 깨끗해지는 것 같았다.

5. 이 글의 내용과 같으면 ○, 다르면 × 하십시오.

1) 이번 여행은 1박 2일로 다녀왔다. ( )

2) 우리가 구경할 때는 다행히 비가 오지 않았다. ( )

3) 죽마 타기는 요즘도 어린 아이들이 많이 하는 놀이이다. ( )

4) 주말이라서 그런지 가는 길이 많이 막혀서 좀 지루했다. ( )

더 생각해 봅시다

1. 다음은 한국의 지역 축제에 대한 설명입니다. 여러분 나라에는 어떤 지역 축제가 있습니까?

한국에서는 지역마다 다양한 축제가 열립니다.

봄에는 여러 가지 축제가 많습니다. 충남 태안에서는 매년 5월에 안면도 꽃 박람회가 열립니다. 야외에서 하는 꽃 전시로는 가장 큽니다. 전남 함평에서는 함평 나비 축제가 열립니다. 함평 나비 축제는 예쁜 꽃 사이를 날아다니는 나비들이 너무 아름다운 축제로 유명합니다.

여름에는 경북 영덕에서 영덕여름축제가 열립니다. 시원한 장사 해수욕장에서 해변 음악회, 한여름의 영화기행, 해변 불꽃놀이 등 다양한 행사가 열립니다. 오십천에서는 은어와 오징어, 넙치 등의 생선도 잡을 수 있습니다.

가을에는 강원도 봉평에서 메밀꽃 축제가 열립니다. 맛있는 메밀국수와 묵도 먹고 하얀 메밀꽃밭에서 멋있는 사진도 찍을 수 있습니다.

겨울에는 경북 포항에서 새해맞이 축제가 열립니다. 서해 첫날 동해에 떠오르는 해를 보면서 새해의 출발을 하려는 많은 사람들이 찾아갑니다.

❶ 태안 꽃 박람회
❷ 영덕 여름 축제
❸ 봉평 메밀꽃 축제
❹ 포항 새해맞이 축제

02 1달러짜리 공연

1. 길거리 공연에는 어떤 것들이 있습니까?

2. 여러분 나라에서는 길거리 공연을 어디에서 자주 볼 수 있습니까?

하와이를 여행하면서 즐거운 추억이 많았는데 가장 인상적인 것은 1달러로 볼 수 있는 길거리[1] 공연이었다. 와이키키 해변 바로 옆의 큰 길에서는 개성[2]이 넘치는 길거리 공연을 날마다 볼 수 있다. 길거리 공연은 다른 여러 나라에서도 볼 수 있다. 하지만 이곳의 길거리 공연은 다른 나라와는 분위기가 다르다. 공연이 한 두 개가 아니고 쇼핑센터를 따라서 계속 이어진다[3]. 낮에도 길거리 공연을 하는 사람들을 가끔 볼 수 있다. 하지만 날씨가 선선해지는 저녁이 되면 공연을 하는 사람들이 더 많아진다. 낮에는 관광객들이 파도타기나 수영을 즐기려고 해변에 있지만 해가 질[4] 때쯤엔 식사나 쇼핑을 즐기기 위해서 큰 길로 나오기 때문이다.

길거리 공연 중 제일 눈에 띄었던[5] 것은 몸 전체를 금색이나 은색으로 칠한 인간[6] 동상[7]이었다. 가끔 눈을 깜빡이는[8] 것 이외에는 전혀 움직임이 없어서 진짜 동상처럼 보였다. 인간 동상 앞에 있는 바구니엔 1달러짜리가 많았다. 그래서 나도 1달러를 넣었다. 그러니까 움직이지 않던 동상이 갑자기 로봇 춤을 추었다. 그것을 한참 구경하다가 용기[9]를 내서 공연자와 악수[10]를 하려고 손을 잡으니까 갑자기 손이 쑥[11] 빠졌다. 깜짝[12] 놀라서 그 사람의 얼굴을 올려다 보니까 그 사람은 진짜 손을 보여주면서 웃고 있었다. 공연자는 나와 같이 사진을 찍어 준 후에 다시 조금 전의 모습으로 돌아갔다.

아이들에게 인기가 제일 많았던 것은 풍선아트[13]였다. 풍선으로 만든 강아지, 칼,

- **하와이** : 북태평양에 있는 미국의 주 | Hawaii(a state in the northern Pacific ocean) | ハワイ: 北太平洋にあるアメリカハワイ州 | 夏威夷:美国的州, 位于北太平洋上
- **와이키키** : 미국 하와이주 오아후섬에 있는 해변 휴양지. | Waikiki(a seaside beach resort in Oahu, Hawaii) | ワイキキ(アメリカハワイ州オアフ島にある海岸) | 威基基:海边疗养胜地, 位于美国夏威夷州瓦湖岛上

1) 길거리	street	街頭	街头
2) 개성	personality	個性	个性
3) 이어지다	to continue	続く	连接
4) 지다	to set, go down	(太陽が)沈む	落 (日)
5) 눈에 띄다	to stand out, be conspicuous	目を引く	显眼
6) 인간	human	人間	人
7) 동상	statue	銅象	铜像
8) 깜빡이다	to blink	まばたきをする	眨 (眼)
9) 용기	courage, guts	勇気	勇气
10) 악수	handshake	握手	握手
11) 쑥	suddenly; with a jerk	すぽっと	嗖地
12) 깜짝	with surprise; with a start	びっくり	(吓)一大跳
13) 풍선아트	balloon art	風船アート	气球艺术

꽃 같은 것은 전에 많이 봤지만 인어[14]와 여러 가지 물고기를 만드는 건 처음 봐서 정말 신기했다. 풍선이 들어 있는 상자엔 여러 나라 말로 '공짜로 가지고 가세요' 라는 뜻의 메시지가 쓰여 있었는데 한국말로는 '기부[15]' 라는 어색한[16] 표현이 쓰여 있었다.

두꺼운 종이나 나무판에 여러 가지 색깔의 스프레이[17]로 그림을 그리는 사람도 있었다. 그 사람은 여러 가지 색깔의 스프레이를 뿌려서 쉽게 그림을 그렸다. 구경꾼들은 어떤 그림이 완성될지 궁금해서 움직이지 못했다. 20분쯤 지나니까 하와이의 아름다운 폭포, 산 등의 그림이 그려졌다. 관객들은 놀라워하면서 박수를 쳤다. 이 예술가는 아름다운 그림을 바닥[18]에 내려놓고 마음대로 가져가라고 했다.

구경하는 사람들의 모습도 세계 여러 곳에서 온 관광객이어서 그런지 다양했다. 음악의 장단에 맞추어[19] 춤을 추는 사람도 있고, 발을 구르며[20] 박수를 치는 사람도 있었다. 특이한 옷을 입고 나온 사람도 있었다. 공연을 너무 잘 한다고 하면서 자기가 다니면서 바구니를 돌리는[21] 사람도 있었다. 그런 구경꾼[22]들만 보고 있어도 재미있었다.

이런 다양한 공연들은 대부분 1달러만 내면 볼 수 있다. 다른 사람이 넣은 1달러로 같이 신나게 공연을 즐길 수도 있다. 무료 길거리 공연이기는 하지만 다니면서 보려면 1달러가 많이 필요하다. 물론 돈을 내지 않아도 된다. 하지만 어디에서 이 돈에 이런 즐거움을 맛볼 수 있을까? 금요일 저녁이면 더 많은 공연자들이 거리로 나온다. 만약 하와이에 가게 되면 해변이나 호텔에만 있지 말고 길거리로 나와서 즐거운 시간을 보내면 좋을 것이다.

---

14) 인어	mermaid	人魚	美人鱼
15) 기부	donation	寄付	捐赠
16) 어색하다	awkward, odd	場面に合わない、不自然な	不自然的
17) 스프레이	spray (paint)	スプレー	喷雾器
18) 바닥	ground, floor	地面、床	地面
19) 장단에 맞추다	to keep time with (a beat, rhythm)	拍子に合わせる	合着节奏
20) 발을 구르다	to stamp one's feet	足を踏み鳴らす	跺脚
21) 돌리다	to turn, spin (around)	回す	转
22) 구경꾼	bystander, onlooker	見物人	观众

어휘 연습

1. 〈보기〉에서 알맞은 말을 골라 (　　　　)에 쓰십시오.

[보기]
개성　　용기　　눈에 띄다　　발을 구르다　　장단에 맞추다

1) 내 친구는 머리가 빨간색이어서 멀리서도 (　　　　　　)는다/ㄴ다/다.

2) 아이들이 음악에 맞추어 (　　　　　　)으면서/면서 손뼉을 치기 시작했다.

3) 미선이는 무늬가 크고 모양이 특이한 (　　　　　　)이/가 넘치는 옷을 즐겨 입는다.

4) 나는 라디오에서 흘러나오는 음악의 (　　　　　　)어서/아서/여서 춤을 췄다.

5) 힘든 일을 잘 이겨낸 영수 씨의 이야기를 듣고 많은 사람들이 (　　　　　　)을/를 얻었다.

2. 두 단어의 연결이 자연스럽지 않은 것은 무엇입니까? (　　　　)

❶ 깜빡 – 잃어버리다　　❷ 한참 – 웃다

❸ 쑥 – 빠지다　　❹ 깜짝 – 놀라다

3. 다음 글의 내용에 맞게 〈보기〉에서 알맞은 말을 골라 (　　　　)에 쓰십시오.

[보기]
기부　　악수　　깜짝　　구경꾼　　지다　　어색하다

하와이 여행에서 가장 기억에 남는 것은 해가 (　　　　　)는/은/ㄴ 후에 많이 볼 수 있는 길거리 공연이었다. 그 중에 눈이 띈 것은 진짜 동상처럼 보이는 인간 동상이었다. 내가 (　　　　　)을/를 했을 때 가짜 손이 쑥 빠져서 (　　　　　) 놀라기도 했다. 아이들이 좋아하는 풍선아트 옆에는 공짜로 가져가라는 여러 나라의 말과 함께 (　　　　　)이라는/라는 (　　　　　)는/은/ㄴ 표현의 한글도 적혀 있었다. 어떤 예술가는 종이나 나무판에 스프레이로 하와이의 아름다운 자연을 그린 후에 사람들에게 마음대로 가져가라고 했다. (　　　　　)들은 특이한 옷을 입고 나와서 춤을 추기도 하고 직접 바구니도 돌려주면서 재미있게 공연을 즐긴다. 하와이에서는 1달러만 있으면 다양한 길거리 공연을 보는 즐거움을 느낄 수 있다.

내용 이해

1. 위의 글을 읽고 각 단락의 중심 내용을 간단하게 쓰십시오.

단락	중심 내용
첫 번째 단락	와이키키의 길거리 공연
두 번째 단락	
세 번째 단락	
네 번째 단락	
다섯 번째 단락	
여섯 번째 단락	1달러짜리 공연의 즐거움

2. 하와이에서 밤 공연이 낮 공연보다 많은 이유는 무엇입니까? (   )

❶ 저녁이 되면 선선해서 공연을 하기가 쉽기 때문에
❷ 저녁 식사를 하면서 볼 수 있는 공연이 많기 때문에
❸ 낮에는 너무 더워서 사람들이 밖으로 안 나오기 때문에
❹ 낮에는 관광객들이 수영이나 파도타기를 많이 하기 때문에

3. 공연에 관한 설명으로 맞는 것은 무엇입니까? (   )

❶ 사람들이 제일 좋아하는 것은 풍선아트이다.
❷ 동상처럼 서 있는 사람의 손은 가짜 손이다.
❸ 관광객이 원하는 그림을 스프레이로 그려서 준다.
❹ 하와이에서는 풍선으로 산과 나무 모양도 만든다.

4. 이 글에 관한 설명으로 맞는 것은 무엇입니까? (   )

❶ 하와이의 날씨는 하루 종일 덥다.
❷ 인간 동상은 전혀 움직이지 않았다.
❸ 다른 나라에서는 길거리 공연을 잘 볼 수 없다.
❹ 관광객은 여러 가지 모양의 풍선을 공짜로 가질 수 있다.

5. 이 글의 내용과 같으면 ○, 다르면 × 하십시오.

1) 길거리 공연은 해변에서 볼 수 있다. (   )

2) 구경꾼은 세계 여러 나라에서 온 사람들이다. (   )

3) 길거리 공연을 보고 싶으면 꼭 1달러를 내야 한다. (   )

4) 공연은 무대가 따로 없이 바로 앞에서 볼 수 있다. (   )

더 생각해 봅시다

1. 다음 길거리 공연 사진을 보고 무슨 공연인지 서로 이야기해 봅시다.

03 보는 그림, 읽는 그림

1. 이 그림들은 특별한 의미가 있습니다. 어떤 의미가 있을까요?

2. 여러분 나라에서 왕, 장수, 행복한 결혼을 상징하는 것은 무엇입니까?

사람마다 생각과 느낌은 다르다. 사람들은 이러한 차이를 소리, 말, 이미지[1]로 표현해서 음악, 미술, 문학 작품을 만들었다. 그렇기 대문에 한국의 옛날 그림을 보면 옛날 한국인들이 어떤 생각을 했고 또 어떻게 살아왔는지를 알 수 있다. 그림을 볼 때 옛 사람의 눈으로 보고 옛 사람의 마음으로 느끼면 그림을 더 잘 이해할 수 있다.

옛날에 부모들은 아들의 방에 '연화도'라는 그림을 병풍[2]으로 만들어 책상 뒤에 놓았다. 그런데 그림을 보면 사실과 다른 점들이 몇 가지 있다. 첫 번째, 이 그림에는 물고기와 연꽃[3]이 같이 그려져 있다. 보통 물속의 물고기를 그리면 물 위의 연꽃이 보이지 않아 연꽃을 그릴 수 없다. 또 이와 마찬가지로 물 위의 연꽃을 그리면 물속의 물고기가 보이지 않기 때문에 물고기를 그릴 수 없다. 두 번째, 더러운 진흙물[4]에서 피는 연꽃과 깨끗한 물속에 사는 물고기가 함께 그려져 있다. 마지막으로, 같은 그림 속에 7월에 피는 연꽃과 겨울새인 원앙[5]이 있다. 서로 다른 계절에 볼 수 있는 것들이 한 그림 속에 있다. 왜 옛날 한국 사람들은 이렇게 그림을 그렸을까? 그리고 이 그림에서 무엇을 표현하려고 했을까?

연꽃은 더러운 물에서 자라지만 좋은 향기를 가진 예쁜 꽃을 피우기 때문에 깨끗함과 겸손함[6]을 상징한다[7]. 또 연꽃은 꽃이 피는 동시에[8] 많은 열매[9]를 맺기[10] 때문에 자식을 많이 낳는 것을 의미한다. 그림 왼쪽 위를 보면 원앙 두 마리가 날고 있는데 원앙은 원래[11] 부부 사이가 좋은 새이다. 그래서 원앙이 그림에 있으면 부부가 오래 함께 잘 살기를 바라는 것을 뜻한다. 부부 사이가 좋으면 자식도 많이 얻는다[12]. 따라서 연화도는 늘 겸손한 마음으로 열심히 살고, 결혼을

1) 이미지	image	イメージ	图像
2) 병풍	folding screen	屏風	屏风
3) 연꽃	lotus flower	蓮の花	荷花
4) 진흙물	muddy water	泥水	泥塘
5) 원앙	mandarin duck	オシドリ	鸳鸯
6) 겸손하다	modest, humbl	謙遜する	谦虚
7) 상징하다	to symbolize	象徴する	象征
8) 동시에	at the same time, simultaneously	同時に	同时
9) 열매	fruit	実	果实
10) 맺다	to bear	結ぶ	结 (果实)
11) 원래	naturally, by nature	もともと	原来
12) 얻다	to bear (a child)	得る	生 (孩子)

해서 자식을 많이 낳고 부부가 함께 오래 잘 살기를 바라는 부모의 마음이 담겨 있는 그림이다.

한국의 궁궐에 가 보면 왕이 앉아 있던 의자 뒤에는 그림이 하나 있다. 이 그림은 '일월오봉도'이다. 그런데 이 그림을 잘 보면 이상한 점들이 있다. 먼저 해와 달이 하늘에 같이 떠 있다. 낮과 밤이 함께 할 수 없는데 이 그림 왼쪽에는 달이, 오른쪽에는 해가 떠 있다. 또 양 옆에 그려져 있는 붉은[13] 소나무[14]는 산만하다. 소나무가 산보다 더 가까이 있기는 하지만 소나무 크기가 너무 크다. 왜 이 그림은 사실과 다르게 비과학적인[15] 것일까?

일월은 해와 달을 말하는데, 해와 달은 낮과 밤에 쉬지 않고 세상의 모든 것들을 환하게 비추고[16] 있다. 이것은 왕이 백성[17]을 위한 정치를 하기 위해 쉬지 않고 노력해야 함을 의미한다. 오봉은 한국을 지키고 보호하는 다섯 개의 산을 의미한다. 동쪽의 금강산, 서쪽의 묘향산, 남쪽의 지리산, 북쪽의 백두산, 그리고 가운데의 삼각산을 가리킨다[18]. 이 다섯 산이 나라를 지키는 것처럼 왕도 나라를 지켜야 하는 것이다. 또 폭포에서 떨어지는 물은 아래로 흘러 산과 나무, 땅을 적시고[19] 있는데 이 물은 백성에 대한 왕의 사랑을 의미한다.

이 그림에는 세상의 모든 것들이 다 들어 있다. 하지만 이 그림은 미완성[20]이다. 왜냐하면 우주는 하늘과 땅 그리고 사람이 하나가 되어야 완성될 수 있는데, 이 그림에는 사람이 없기 때문이다. 백성을 위해서 부지런히[21] 일하는 왕이 그림 앞에 서야 이 그림은 완성될 수 있다. 쉬지 않고 세상을 비추는 해와 달처럼, 나라를 지키는 다섯 개의 산처럼, 그리고 땅의 모든 것을 적시는 폭포의 물처럼, 왕이 좋은 정치를 해서 백성들을 편안하고 잘 살 수 있게 하라는 의미를 가진 그림이다. 즉 일월오봉도는 왕의 힘을 상징하는 것이

13) 붉다	red, crimson	赤い	红色的
14) 소나무	pine tree	松の木	松树
15) 비과학적이다	unscientific	非科学的だ	不科学
16) 비추다	to illuminate, light (up)	照らす	照耀
17) 백성	the people (of a country)	民衆	百姓
18) 가리키다	to refer to, indicate	指し示す	指
19) 적시다	to wet, supply with water	濡らす	浸湿
20) 미완성	incomplete	未完成	未完成
21) 부지런히	diligently	まめに	辛勤地

아니라, 왕을 깨우치기[22] 위한 그림이다.

이 두 그림에서 알 수 있듯이 한국화는 그림에 나오는 소재[23]의 의미를 이해해야 그림을 읽을 수 있다. 또 소재가 상징하는 것이 각각 다르기 때문에 사실과 다르게 어울리지 않는 소재가 한 그림에 그려지기도 한다. 따라서 한국화는 그림의 아름다움뿐만 아니라 보고 읽는 즐거움이 있다.

22) 깨우치다	to enlighten, make (a person) realize	さとす	启发
23) 소재	subject matter	素材	素材

어휘 연습

1. 〈보기〉에서 알맞은 말을 골라 (   )에 쓰십시오.

[보기]
맺다   얻다   가리키다   겸손하다   상징하다

1) 시계 바늘이 정확히 5시를 (   )고 있었다.
2) 친구가 쓰던 책을 공짜로 (   )었다/았다/였다.
3) 연세대학교를 (   )는/은/ㄴ 동물은 독수리이다.
4) 사과나무는 가을에 그 열매를 (   )는다/ㄴ다/다.
5) 그는 모든 것을 다 가졌지만 늘 자신을 낮추는 (   )는/은/ㄴ 사람이다.

2. 두 단어의 관계가 <u>다른</u> 것을 고르십시오. (   )

❶ 가능하다 – 비가능하다
❷ 편하다 – 불편하다
❸ 과학적이다 – 비과학적이다
❹ 규칙적이다 – 불규칙적이다

3. 다음 글의 내용에 맞게 〈보기〉에서 알맞은 말을 골라 (   )에 쓰십시오.

[보기]
백성   소재   부지런히   비추다   적시다   깨우치다   비과학적이다

한국의 옛날 그림은 보는 즐거움과 읽는 즐거움이 함께 있다. 궁궐에 가면 '일월오봉도'를 볼 수 있는데, 잘 보면 사실과 맞지 않는 (   )는/은/ㄴ 점들을 찾을 수 있다. 하지만 해와 달 등의 (   )이/가 상징하는 것을 알게 되면 그림을 잘 이해할 수 있다. 해와 달은 쉬지 않고 세상의 모든 것을 환하게 (   )기 때문에, 일월은 왕이 나라를 위해서 (   ) 일해야 함을 의미한다. 그리고 오봉은 한국을 보호하는 다섯 개의 산을 가리키는데, 왕도 이 산들처럼 나라를 지켜야 함을 뜻한다. 또 폭포의 물이 흘러내려서 땅의 모든 것을 (   )는/은/ㄴ 것처럼 왕이 좋은 정치를 해야 (   )이/가 편안하게 살 수 있음을 의미한다. 즉 일월오봉도는 왕을 (   )는/은/ㄴ 그림이다.

내용 이해

1. 이 글을 읽고 다음 표를 채우십시오.

	연화도	일월오봉도
소재	연꽃, 원앙, 물고기	해, 달, 산, 소나무, 폭포
소재가 의미하는 것	1) 연꽃: 2) 원앙:	1) 일월: 2) 산: 3) 폭포:
비과학적인 점		

2. 한국의 옛날 그림에 대한 설명으로 맞지 <u>않는</u> 것은 무엇입니까? (　　　)

❶ 소재가 상징하는 것이 있다.
❷ 미완성으로 끝난 그림이 많다.
❸ 그림을 이해하려면 옛사람의 눈과 마음을 가져야 한다.
❹ 사실과 맞지 않는 이상한 점들이 있지만 전하는 메시지가 있다.

3. 연화도에 대한 설명으로 맞는 것은 무엇입니까? (　　　)

❶ 아들의 건강을 바라는 부모의 마음이 담겨 있다.
❷ 부모가 자식이 결혼할 때 선물로 주었던 그림이다.
❸ 연꽃은 자식을 많이 낳을 수 있음을 의미하기도 한다.
❹ 연꽃은 깨끗한 물에서 자라기 때문에 깨끗함을 의미한다.

4. 일월오봉도에 대한 설명이 아닌 것은 무엇입니까? (　　　　)

❶ 왕이 이 그림 앞에 서야 완성될 수 있다.

❷ 이 그림은 왕이 부지런히 일하라는 뜻도 있다.

❸ 이 그림에는 하늘과 땅의 온 세상이 그려져 있다.

❹ 왕의 힘을 상징하는 그림으로 왕 자리 뒤에서만 볼 수 있다.

5. 이 글의 내용과 같으면 ○, 다르면 × 하십시오.

1) 일월오봉도에서 일월은 장수를 상징한다 (　　　　)

2) 일월오봉도의 오봉은 한국을 지키는 5개의 산을 뜻한다. (　　　　)

3) 연화도에는 각각 다른 계절에 볼 수 있는 소재들이 나온다. (　　　　)

4) 연화도는 자식이 겸손한 태도로 살기를 바라는 부모의 마음이 담겨 있다. (　　　　)

더 생각해 봅시다

1. 다음 글은 한국의 민화에 대한 설명입니다. 이 글을 읽고 까치와 호랑이가 무엇을 의미하는지 이야기해 봅시다.

까치와 호랑이가 그려져 있는 민화를 보면 웃음이 먼저 난다. 무서운 호랑이는 마치 고양이처럼 그려져 있고 재미있는 얼굴을 하고 있다. 장난스럽고 귀엽게 생긴 호랑이의 모습이 사실적이지 않지만 해학이 느껴진다. 하지만 여기서 호랑이는 산신령의 심부름꾼이고 까치는 그 말을 전해주는 메신저이다. 사실 옛날 사람들은 호랑이를 많이 무서워했다. 그래서 한 해의 나쁜 일들을 쫓아 달라는 의미로, 새해가 되면 민화에 나오는 호랑이 그림을 대문 위에 붙이기도 했다.

YONSEI KOREAN READING 3

제5과 사람

01 한국을 사랑한 언더우드

02 바보 온달과 평강공주

03 아버지

01 한국을 사랑한 언더우드

1. 마더 테레사, 슈바이처, 나이팅게일, 앙리 뒤낭 등은 어떤 공통점이 있습니까?

2. 여러분 나라에 와서 큰 도움을 준 외국인이 있습니까?

언더우드, 한국 이름 원두우는 연세대학교를 세운 사람이다. 1859년 영국에서 태어난 언더우드는 1885년 스물다섯 살에 미국의 선교사[1]로 한국에 왔다. 그 때 그에게는 여러 인생의 길이 있었다. 기업가[2]르서의 삶, 교육자로의 삶, 종교인으로서의 삶, 그리고 사랑하는 약혼녀와의 미래 등 안정[3]되고 행복한 삶이 그에게 있었다. 그러나 그가 이 모든 것을 뒤로 하고 한국에 왔다. 그리고 1916년 57세, 그가 삶을 마칠 때까지 그는 한국과 연세의 발전을 위해 온 힘을 쏟았다.

언더우드는 한국의 교육을 위해 힘을 많이 쏟았다. 고아[4]를 위한 학교를 세웠고 곳곳에 초등학교도 세웠으며, 한국인을 위한 영한사전과 한영사전도 만들었다. 그리고 그 때 유행하던 콜레라를 없애는 등 의료 활동에 힘을 기울였으며 성경을 번역하고[5] 그리스도 신문을 발행하는[6] 등 선교 활동도 열심히 했다.

그는 1917년 연희전문학교를 세웠는데 이것이 1957년에 세브란스 의과 대학과 합쳐져 연세대학교가 되었다. 언더우드는 그 당시 낮게 평가되던[7] 상업을 전공하는 상과[8]를 만들어서 후에 연세대 최고의 학과가 되게 했다. 그는 한국의 전통문화와 역사를 존중하면서[9] 현대적인 교육을 통해 한국 사회의 지도자를 키웠다.

그의 교육에 대한 뜻은 후손[10]들에게도 이어졌다. 언더우드 2세 원한경, 3세 원일한과 4세 원한광도 연세대학교에서 학생들을 가르쳤다. 이렇게 그의 후손들은 교육을 통해 그의 뜻을 이어 나갔으며 한국과 연세의 발전[11]을 위해 여러 가지로 노력했다.

병이 심해져서 1916년 1월 미국으로 돌아간 언더우드는 그 해 10월 고향

• **언더우드**: 선교사, 연세대학교 설립자 | Horace Grant Underwood (1859~1916) | ホース グラントアンダーウッド | 贺拉斯·格兰特·安德伍德

1) 선교사	missionary	宣教師	传教士
2) 기업가	businessman, entrepreneur	企業家	企业家
3) 안정	stability	安定	稳定, 安稳
4) 고아	orphan	孤児	孤儿
5) 번역하다	to translate	翻訳する	翻译
6) 발행하다	to publish	発行する	发行
7) 평가되다	to evaluate, assess	評価される	(被) 评价
8) 상과	business school, business department	商科	商科
9) 존중하다	to respect, honor	尊重する	尊重
10) 후손	descendant	子孫	子孙
11) 발전	advancement, development	発展	发展

애틀랜타에서 세상을 떠났다. 그는 죽기 전에 부인에게 미소와 함께 마지막 말을 남겼다. "나, 거기까지 가야 하는데……" 라며 그는 죽으면서도 한국을, 그리고 연세를 생각했다. 1995년, 그는 그의 바람대로 한국에 돌아와 서울 양화진 외국인 선교사 묘지[12]에 묻히게[13] 되었다. 그의 한국에 대한 사랑과 열정은 지금도 많은 한국인들에게 힘을 주고 있다.

12) 묘지	cemetery	墓地	墓地
13) 묻히다	to be buried	埋葬される	埋葬

어휘 연습

1. 〈보기〉에서 알맞은 말을 골라 (　　　　)에 쓰십시오.

[보기]
묻히다　　발행하다　　번역하다　　존중하다　　평가되다

1) 이 도자기는 땅 속에 200년 동안 (　　　　　　)어/아/여 있었다.

2) 나는 외국의 유명한 소설을 우리나라 말로 (　　　　　　)고 싶다.

3) 연세대학교는 매주 월요일에 대학신문을 (　　　　　　)는다/ㄴ다/다.

4) 나라마다 문화가 다르기 때문에 서로의 문화를 (　　　　　　)어야/아야/여야 한다.

5) 그 사람의 업무 처리 능력이 높게 (　　　　　　)어서/아서/여서 빨리 부장이 되었다.

2. 두 단어의 관계가 <u>다른</u> 것을 고르십시오. (　　　　)

❶ 조상 – 후손　　❷ 선배 – 후배

❸ 오전 – 오후　　❹ 식후 – 후식

3. 다음 글의 내용에 맞게 〈보기〉에서 알맞은 말을 골라 (　　　　)에 쓰십시오.

[보기]
고아　　묘지　　발전　　후손　　선교사　　안정되다

연세대학교를 세운 언더우드는 1885년에 한국에 (　　　　　)으로/로 왔다. 그는 한국에서 부모가 없는 (　　　　　)들을 위한 학교와 초등학교를 세웠다. 그리고 신문을 발행하고 성경을 한국어로 번역하기도 했다. 그는 한국의 전통문화와 역사를 존중하면서 교육에 힘썼다. 그런 그의 뜻은 (　　　　　)들에게 이어졌다. 그들도 연세대학교에서 교수로 가르치는 등 여러 활동을 하면서 한국과 연세의 (　　　　　)을/를 위해 많은 노력을 했다. (　　　　　)는/은/ㄴ 삶을 포기하고 한국에 온 언더우드의 (　　　　　)은/는 한국의 양화진에 있다.

YONSEI KOREAN READING 3

내용 이해

1. 다음은 언더우드와 관련된 중요한 사건입니다. 관계있는 것끼리 연결하십시오.

1859년 •	• 영국에서 태어났다.
1885년 •	• 연희전문학교를 세웠다.
1915년 •	• 미국 선교사로 한국에 오게 되었다.
1916년 •	• 한국 서울 양화진 외국인 묘지에 묻혔다.
1957년 •	• 병으로 미국에 돌아가 고향 애틀랜타에서 죽었다.
1995년 •	• 연희전문학교와 세브란스 의과대학이 합쳐져 연세대학교가 되었다.

2. 다음 중 언더우드가 한 일이 아닌 것은 무엇입니까? (　　　　)

❶ 고아를 위한 학교를 세웠다.

❷ 초등학교를 여러 개 세웠다.

❸ 콜레라를 없애기 위해 노력했다.

❹ 영한사전과 영어 신문을 만들었다.

3. 연세대와 관련하여 언더우드가 한 일이 아닌 것은 무엇입니까? (　　　　)

❶ 후에 연세대가 될 연희전문학교를 설립했다.

❷ 연세대의 최고의 학부가 될 상과를 만들었다.

❸ 연세대학교 교수를 지내고 초대 총장이 되었다.

❹ 교육을 통해서 한국 사회의 지도자를 키워냈다.

4. 언더우드와 그의 후손들에 대한 설명으로 맞는 것은 무엇입니까? (　　　　)

❶ 언더우드는 한국어로 성서를 번역했다.

❷ 원한광은 연세대학교에서 총장을 지냈다.

❸ 원한경은 그리스도 신문을 처음 발행했다

❹ 원일한은 콜레라를 없애기 위해 노력했다.

5. 이 글의 내용과 같으면 ○, 다르면 × 하십시오.

1) 언더우드의 묘지는 지금 한국 서울에 있다. (　　　)

2) 언더우드는 한국 서울에서 그의 생을 마쳤다. (　　　)

3) 언더우드는 죽을 때 고향 땅에 묻히기를 원했다. (　　　)

4) 언더우드는 한국의 전통문화와 역사를 존중했다. (　　　)

더 생각해 봅시다

1. 다음은 한국의 대학교를 소개한 글입니다. 여러분의 나라에 이와 같이 경쟁관계인 대학이 있으면 이야기해 봅시다.

영국에 옥스퍼드대학교와 캠브리지대학교, 미국에 하버드대학교와 예일대학교가 있다면 한국에는 연세대학교와 고려대학교가 있다. 연세대와 고려대는 한국의 대표적인 사립대로서 사이좋은 라이벌이다. 하지만 두 학교는 색깔이 다르다. 연세대학교가 서양 선교사가 세워 서구적이라면 고려대는 한국인이 세운 최초의 대학으로 민족적 성격이 강하다. 학교의 상징색도 연세대학교는 파란색인데 고대는 빨간색이다. 학교를 상징하는 동물도 연세대학교는 독수리, 고려대학교는 호랑이이다.

두 학교는 서로의 우정을 다지기 위해 매년 가을에 축구, 농구, 야구, 럭비, 아이스하키 등 5개 스포츠 종목의 정기 친선 경기 대회(정기 연고전)를 연다. 정기전은 연고 양교가 매년 번갈아 주최하는데, 정기전의 정식 명칭은 매년 주최 대학 이름을 뒤에 붙인다. 그러나 정식 명칭은 실질적으로 방송 중계나 신문 보도에서만 사용될 뿐이며, 고려대학교에서는 고연전, 연세대학교에서는 연고전이라고 부른다.

02 바보 온달과 평강공주

1. '성공한 남자 뒤에는 훌륭한 여자가 있다' 는 말은 무슨 의미일까요?

2. 여러분 나라에는 남편을 훌륭하게 만든 아내에 대한 이야기가 있습니까?

고구려 평강왕 때 **온달**이라는 사람이 살았다. 그는 결혼할 나이가 지났지만 아직도 총각이었다. 얼굴은 웃음이 나올 정도로 못 생기고 늘 해진[1] 옷을 입고 다녀서 아이들의 놀림[2]을 받았다. 하지만 온달은 너무 착해서 아이들이 놀려도 '헤헤' 웃을 뿐이었다. 그래서 사람들은 그를 '바보 온달'이라고 불렀다. 마음씨 좋은 온달에게는 늙은 어머니가 계셨다. 집이 매우 가난하여 동네 사람들에게 밥을 얻어다가 정성껏 어머니를 모시며 살았다.

평강왕에게는 어린 딸 **평강 공주**가 있었다. 어려서부터 한 번 울기 시작하면 멈추지 않았다.

"평강아, 울지 마라. 예쁜 얼굴이 미워지겠다[3]."

"엉엉엉"

왕이 어떤 말을 해도 공주는 울음을 그치지 않았다. 그래서 왕이

"네가 울음을 멈추지 않으니 바보 온달에게 시집보내야겠구나[4]."

하고 농담을 했다. 그 말을 들은 공주는 갑자기 울음을 멈추고 온달이 누구냐고 물었다.

"바보 온달은 울보[5] 공주에게 잘 어울리는 짝[6]이란다."

'바보 온달?' 공주는 바보 온달이 어떤 사람인지 궁금했다.

시간이 흘러 평강공주가 열여섯 살이 되었다. 아버지 평강왕은 공주를 좋은 집안 남자와 결혼시키려고 했다. 그런데 공주는 평강왕이 평소에 하던 말대로 온달에게 시집가겠다고 고집을 부렸다[7]. 공주의 고집에 몹시 화가 난 왕은 공주를

- **고구려**(BC 37년~668년): 고주몽이 졸본 지방에 세운 고대국가임. | an ancient country, built by Ju-mong Ko | 高句麗(高朱蒙が卒本地方に建てた古代国家) | 高句丽(高朱蒙在卒本地区建立的古代国家)
- **평강왕**: 고구려 25대 왕으로 평원왕이라고도 불림. | (?~590) the 25th king of Kogureo | 平岡王(高句麗25代王。平原王とも呼ばれる) | 平冈王(高句丽第25代王, 又称平原王)
- **온달**: 고구려 평원왕 때의 장군으로 평강공주와 결혼함. (?~590) | a general who married Princess Pyeong-gang during the reign of King Peong-won of Kogureo | 高句麗平岡王代の将軍で、平岡公主と結婚した。| 温达(高句丽平原王时的大将军, 与平冈公主结婚)
- **평강공주**: 고구려 평원왕의 딸. | the daughter of the King Pyeong-won (or King Pyeong-gang) | 平岡公主(平岡王の娘) | 平冈公主(高句丽平原王的女儿)

1) 해지다	to wear out, fray	よれよれになる、擦り切れる	磨破, 穿破
2) 놀리다	to tease, make fun of	からかう	戏弄
3) 밉다	ugly	みにくい	难看
4) 시집보내다	to marry off (one's daughter)	嫁がせる	嫁出去
5) 울보	crybaby	泣き虫	哭包儿
6) 짝	match; mate	相手	对象
7) 고집을 부리다	to be stubborn	意地を張る	固执己见

궁궐[8]에서 내쫓아[9] 버렸다.

공주는 그 길로 온달을 찾아가 결혼했다. 공주는 궁궐에서 나올 때 가지고 온 패물[10]로 살림[11]을 했다. 어느 날 공주는 온달에게 말을 사 오게 하여 잘 먹여 길렀다[12]. 그리고 온달에게 열심히 공부를 가르치고 무술[13]을 익히게[14] 했다. 온달은 날마다 열심히 공부하고 무술을 연습했다.

고구려에서는 매년 봄 3월 3일이 되면 사냥대회[15]를 열었다. 그리고 사냥대회에서 잡은 짐승[16]으로 하늘에 제사를 지냈다. 평강공주는 온달에게 "온달님, 제일 크고 좋은 짐승을 제사에 쓴다고 하니까 최선을 다하셔야[17] 해요."

"내가 공주를 위해서 꼭 잡겠소!"

온달은 공주가 키운 말을 타고 사냥대회에 나갔다. 온달은 다른 사람들보다 빨리 달리고 짐승도 많이 잡았다. 그리고 화살을 쏘아[18] 커다란[19] 멧돼지를 잡았다. 왕은 가장 큰 멧돼지를 잡은 온달을 불렀다.

"참 좋은 말과 훌륭한 재주를 가졌구나. 네 이름이 무엇이냐?"

"저는 예전에 바보 온달이라고 불리던 온달입니다."

"뭐라고? 네가 바보 온달이란 말이냐?"

"네, 공주님과 결혼한 온달입니다."

"그래, 내 딸은 지금 어디에 있느냐?"

평강공주를 만난 왕은 눈물을 흘리며 기뻐하였다. 왕은 온달을 크게 칭찬하고 그와 평강공주를 위해 잔치를 열어 주었다.

그 후 온달은 나라를 지키는 훌륭한 장군[20]이 되었다. 온달은 여러 전쟁에

---

8) 궁궐	royal palace	宮廷	宫殿
9) 내쫓다	to cast out, force to leave	追い出す	驱逐
10) 패물	jewelry	装身具	首饰
11) 살림	a living	暮らし	生计
12) 기르다	to raise, keep	育てる	饲养
13) 무술	martial arts	武術	武术
14) 익히다	to master, become proficient	身につける	使熟练
15) 사냥대회	hunting rally (contest)	狩猟大会	狩猎大会
16) 짐승	beast, animal	けもの	禽兽
17) 최선을 다하다	to do one's best	最善を尽くす	全力以赴
18) 쏘다	to shoot, fire (at)	射る	射 (箭)
19) 커다랗다	huge	とても大きい	巨大
20) 장군	general, admiral	将軍	将军

나가서 용감하게[21] 싸웠고 큰 승리[22]를 했다. 왕은 온달을 사위[23]로 인정하고 높은 벼슬[24]을 주었다.

21) 용감하다	brave, courageous	勇敢だ	勇敢
22) 승리	victory	勝利	胜利
23) 사위	son-in-law	婿	女婿
24) 벼슬	government post	官位	官职

어휘 연습

1. 〈보기〉에서 알맞은 말을 골라 (   )에 쓰십시오.

[보기]
밉다　　놀리다　　익히다　　해지다　　최선을 다하다

1) 그 옷을 오랫동안 입어서 다 (   )었다/았다/였다.

2) 이번 일은 결과는 좋지 않았지만 (   )어서/아서/여서 후회는 없다.

3) 그녀는 얼굴은 예쁜데 말을 (   )게 해서 친구들에게 인기가 없다.

4) 키가 크고 마른 영수를 반 친구들이 콩나물이라고 (   )었다/았다/였다.

5) 나는 한국말을 빨리 (   )기 위해서 한국 친구와 자주 말하기 연습을 한다.

2. 두 단어의 관계가 다른 것을 고르십시오. (   )

❶ 멈추다/ 그치다
❷ 내쫓다/ 쫓아가다
❸ 결혼하다/ 시집가다
❹ 착하다/ 마음씨가 좋다

3. 다음 글의 내용에 맞게 〈보기〉에서 알맞은 말을 골라 (   )에 쓰십시오.

[보기]
사위　　내쫓다　　용감하다　　커다랗다　　시집보내다　　고집을 부리다

고구려 평강공주는 어렸을 때 한 번 울면 울음을 멈추지 않는 울보였다. 그래서 왕은 바보 온달에게 (   ) 겠다고 농담을 했다. 공주가 열여섯 살이 되어서 왕이 좋은 남자와 결혼시키려고 하니까 공주는 온달과 결혼을 하겠다고 (   )었다/았다/였다. 화가 난 왕은 공주를 궁궐에서 (   )었다/았다/였다. 궁궐에서 나온 평강공주는 온달과 결혼해서 온달에게 공부를 가르치고 무술을 익히게 도와주었다.

고구려에는 1년에 한 번씩 나라에서 여는 큰 사냥대회가 있었다. 온달은 그 사냥대회에서 화살을 쏘아서 (   )는/은/ㄴ 멧돼지를 잡아 왕께 드렸다. 그 후 온달은 장군이 되어 여러 전쟁에 나가서 (   )게 싸웠다. 그리고 왕에게 (   )으로/로 인정받고 공주와 행복하게 살았다.

내용 이해

1. 이야기의 흐름에 맞게 (가)~(마)를 순서대로 쓰십시오.

(가) 온달은 어머니와 함께 살았는데 너무 착해서 사람들이 그를 '바보' 라고 불렀다.
(나) 온달은 그 후 훌륭한 장군이 되었다.
평강왕은 온달을 사위로 인정하고 높은 벼슬을 주었다.
(다) 평강공주는 온달에게 무술을 익히게 하고 날마다 열심히 공부를 하게 했다.
온달은 사냥대회에 나가서 큰 짐승을 잡아 왕을 만나게 되었다.
(라) 평강공주가 16세가 되었을 때 온달과 결혼을 하겠다고 해서 궁궐에서 내쫓겼다.
평강공주는 온달과 결혼을 하고 패물을 팔아서 살림을 하였다.
(마) 평강공주는 어렸을 때부터 한 번 울면 그치지를 않는 울보였다.
평강왕은 자주 우는 평강공주에게 "온달에게 시집을 보내야겠다." 고 말하곤 했다.

(가) → ( ) → ( ) → ( ) → ( )

2. 온달과 평강공주의 성격으로 맞는 것은 무엇입니까? ( )

❶ 온달은 냉정하다.
❷ 온달은 게으르다.
❸ 평강공주는 고집이 세다.
❹ 평강공주는 성격이 급하다.

3. 이 글의 내용과 <u>다른</u> 것은 무엇입니까? ( )

❶ 온달은 가난했지만 마음씨가 좋았다.
❷ 온달은 열심히 노력해서 훌륭한 장군이 되었다.
❸ 평강왕은 평강공주를 온달과 결혼시키려고 했다.
❹ 평강공주는 적극적이고 자신의 생각대로 행동한다.

4. 평강공주가 온달을 도운 방법이 <u>아닌</u> 것은 무엇입니까? (　　　)

❶ 온달에게 공부를 가르쳤다.

❷ 온달이 날마다 무술을 연습하도록 했다.

❸ 자신의 소중한 물건을 팔아 살림을 했다.

❹ 온달에게 말을 고르는 방법을 가르쳐 주었다.

5. 이 글의 내용과 같으면 ○, 다르면 × 하십시오.

1) 평강공주는 스스로 궁궐에서 나왔다. (　　　)

2) 온달은 어머니와 함께 살았는데 효자였다. (　　　)

3) 평강왕은 끝까지 온달을 사위로 생각하지 않았다. (　　　)

4) 온달은 머리가 나빠서 사람들이 '바보' 라고 불렀다. (　　　)

더 생각해 봅시다

1. 악처 크산티페 때문에 소크라테스가 훌륭한 철학자가 되었다고 합니다. 다음 글을 읽고 여러분의 생각을 이야기해 봅시다.

> 소크라테스의 아내 크산티페는 유명한 악처이다. 그녀는 남편이 철학자라는 직업을 갖지 못하게 하려고 여러 가지 방법을 다 썼다. 집에서 크산티페는 남편을 매우 괴롭혔다.
>
> 소크라테스의 집에는 가르침을 받기 위해 찾아 온 손님이 항상 많았다. 소크라테스의 아내는 이것이 늘 불만이었다. 어느 날 소크라테스의 집에 많은 제자들이 찾아 왔다. 그러나 소크라테스의 아내는 제자들이 보는 앞에서 이 늦은 시간에 손님을 데려오면 어떻게 하냐며 그에게 소리를 질렀다. 제자들과 소크라테스는 한 마디도 못하고 조용히 듣기만 했다. 화가 덜 풀린 그의 아내는 설거지한 더러운 물을 소크라테스의 얼굴에 부어 버렸다.

2. 한국에는 옛날부터 '현모양처'라는 말이 있습니다. 여러분이 생각하는 현모양처는 어떤 모습입니까?

03 아버지

1. 다음 글에 나타난 아버지의 마음은 어떤 마음일까요?

- 아들아, 너는 나의 미래이고 또 행복이란다.
- 쉬면서 공부해라. 공부보다 건강이 더 중요하다.
- 우리 딸 지금까지 잘 자라줘서 고맙다. 아빠는 널 볼 때마다 행복하단다.

2. 어린 시절 아버지에게서 받은 선물 중에서 기억에 남는 것은 무엇입니까?

나는 연극 무대에 설 때마다 아버지가 생각난다. 아버지는 열 살짜리 딸의 꿈을 지켜주신 소중한 분이다. 서른 다섯 살이 되었지만 아직도 연극 무대에 서면 내가 처음으로 연극을 했을 때가 떠오른다. 아버지가 계셨기 때문에 지금의 나도 있을 수 있었다. 내 연극을 자주 보지는 못하시지만 아버지는 언제나 나의 최고의 관객이다.

우리 가족은 내가 일곱 살 때 **파라과이**로 이민[1]을 갔다. 처음에는 외국에 가는 것이 너무 좋았고 기대도 컸다. 한국을 떠나기 전에 언니와 나는 매일 동네 친구들에게 외국에 가는 것을 자랑하고[2] 다녔다. 그러나 그 곳에 도착한 후 아무것도 없는 넓은 들판[3]과 낡은[4] 집을 봤을 때, 기대했던 즐거운 외국 생활은 없다는 것을 알 수 있었다. 언니와 나는 한국에 있는 친구들과 친척들이 생각나서 부모님 몰래[5] 많이 울었다. 하지만 우리는 생활에 익숙해지려고 노력했고, 아버지, 어머니는 가난[6]에서 벗어나기 위해서 하루하루 열심히 사셨다.

언니와 내가 많은 것을 경험하고 배우기를 원했던 부모님은 큰 도시인 **아순시온**으로 우릴 보내셨다. 나는 아직 그 나라 말도 잘 못하고 다시 낯선 곳으로 가는 것도 무서웠다. 부모님과 떨어져서 사는 것은 싫었지만 우리를 위해서 힘들게 일하시는 부모님의 말씀을 듣지 않을 수 없었다. 결국[7] 언니와 나는 그 해 가을 아순시온의 한 학교에서 공부를 시작했다. 아버지는 한 달에 한 번 우리를 만나기 위해서 그곳으로 오셨고, 어머니는 우리가 시골집으로 내려가는 방학 동안에만 만날 수 있었다.

삼 년이 지나서 열 살이 된 나는 처음으로 연극을 하게 되었다. 나는 아버지 역할[8]을

> • **파라과이** : 남아메리카의 내륙국 | Paraguay(an inland country in South America) | パラグアイ(南米にある内陸国) | 巴拉圭(位于南美洲的内陆国家)
> • **아순시온** : 파라과이의 수도 | Asuncion(Paraguay' s capital) | アスンシオン(パラグアイの首都) | 亚松森(巴拉圭的首都)

1) 이민	emigration	移民	移民
2) 자랑하다	to boast, brag	自慢する	夸耀
3) 들판	field, plain	野原	田野
4) 낡다	shabby, worn out	古い	陈旧
5) 몰래	secretly	かくれて, こっそり	偷偷地
6) 가난	poverty	貧しさ	贫困
7) 결국	eventually, ultimately	結局	结果
8) 역할	role, part	役	角色

맡았는데[9] 필요한 것들이 많았다. 직접 만들 수 있는 것들은 언니의 도움을 받아서 만들었다. 그러나 구할 수 없는 것이 하나 있었다. 그것은 바로 남자 구두 한 켤레였다. 언니와 나는 그 구두 한 켤레를 구하려고 이곳저곳 많이 알아봤지만 결국 우리는 구할 수 없었다.

아버지가 그 주 주말에 우리를 보기 위해 오셨다. 그때 아버지께 내가 연극을 하게 되었다고 말씀 드렸다. 아버지는 연극에서 작은 역할이라도 맡게 된 것을 자랑스럽게[10] 생각하셨다. 하지만 구두를 구하지 못해서 걱정이라고 했다. 그 말을 들은 아버지는 아무 말씀도 하지 않으셨다.

아버지는 이틀 후 월요일 새벽에 집으로 떠나셨다. 이른 새벽에 출발하셨기 때문에 나는 아버지께 인사도 못했다. 아침에 학교에 가려고 일어나보니까 내 침대 옆에 아버지가 신으시던 낡은 구두 한 켤레가 놓여 있었다. 아버지는 나에게 구두를 벗어 주시고, 슬리퍼를 신고 시골로 내려가신 것이다. 나는 아버지의 사랑을 마음속 깊이[11] 느끼면서 눈물을 흘렸다[12]. 나는 그날 이후 아버지의 구두를 신고 열심히 연습을 했다. 아버지는 보러 오지 못하셨지만 연극은 성공적이었다[13]. 나는 사람들의 큰 박수 소리를 들으면서 마음속으로 수없이[14] 이 한 마디만을 외쳤다[15].

"아버지, 사랑합니다."

9) 맡다	to take on, assume	受け持つ	承担
10) 자랑스럽다	proud, boastful	誇らしい	引以自豪的
11) 깊이	deeply	深く	深刻地
12) 흘리다	to shed, let flow	流す	流 (泪)
13) 성공적이다	successful	成功だ	成功
14) 수없이	innumerable, in very large numbers	数えきれないほど	无数次
15) 외치다	to cry out, shout	叫ぶ	喊叫

어휘 연습

1. 〈보기〉에서 알맞은 말을 골라 (　　　　)에 쓰십시오.

[보기]
낡다　　맡다　　외치다　　자랑스럽다　　흘리다

1) 아버지는 1등상을 받은 아들을 매우 (　　　　　)게 생각했다.

2) 그 건물은 너무 (　　　　　)어서/아서/여서 수리를 해야 한다.

3) 이번 연극에서 우리 반은 각자 (　　　　　)는/은/ㄴ 역할을 열심히 해서 1등을 했다.

4) 슬픈 장면이 나올 때 극장 안을 둘러보니 많은 관객들이 눈물을 (　　　　　)고 있었다.

5) 창문 밖에서 과일을 사라고 크게 (　　　　　)는/은/ㄴ 과일 파는 아저씨의 소리가 들렸다.

2. 다음 단어 중 맞지 <u>않는</u> 것을 고르십시오. (　　　　)

❶ 어른스럽다　　❷ 사랑스럽다

❸ 자랑스럽다　　❹ 기대스럽다

3. 다음 글의 내용에 맞게 〈보기〉에서 알맞은 말을 골라 (　　　　)에 쓰십시오.

[보기]
가난　　결국　　이민　　역할　　수없이　　성공적이다

나는 일곱 살 때 파라과이로 (　　　　　)을/를 갔다. 우리 가족은 낡은 집에서 생활을 하며 (　　　　　)에서 벗어나려고 열심히 살았다. 부모님과 떨어져서 낯선 곳에서 살기 싫었지만, (　　　　　) 나와 언니는 아순시온에 있는 학교에 다니게 되었다. 열 살 때 나는 연극에서 남자 (　　　　　)을/를 맡았다. 그때 남자 구두를 구하지 못해서 걱정하는 나에게 아버지는 몰래 자신의 구두를 벗어 주시고 집으로 돌아가셨다. 나는 아버지의 선물에 큰 사랑을 느꼈다. 첫 연극 무대는 (　　　　　)었다/았다/였다. 나는 사람들의 박수 소리를 들으며 연극을 보러 오지 못하신 아버지께 마음속으로 사랑한다고 (　　　　　) 외쳤다.

내용 이해

1. 글을 읽고 일이 일어난 순서대로 (가)~(마)를 쓰십시오.

(가) 우리 가족은 한국에서 파라과이로 이민을 갔다.
(나) 아버지께서 주신 구두를 신고 연극을 잘 했다.
(다) 언니와 나는 아순시온에 있는 학교에 다니기 시작했다.
(라) 연극배우인 나는 무대에 설 때마다 아버지를 떠올린다.
(마) 나는 연극에서 아버지 역을 맡았지만 구두를 준비할 수 없었다.

(가) → (   ) → (   ) → (   ) → (   )

2. 아버지에 대한 설명으로 맞지 <u>않는</u> 것은 무엇입니까? (   )

❶ 어린 시절 나의 꿈을 지켜주셨다.
❷ 내가 연극을 할 때마다 보러 오신다.
❸ 낯선 외국에서 매일 열심히 일하셨다.
❹ 공부를 시키기 위해 나를 도시로 보내셨다.

3. 첫 연극을 위해 나는 어떤 노력을 했습니까? (   )

❶ 아버지에게 구두를 빌렸다.
❷ 아버지 역할을 맡겠다고 했다.
❸ 아순시온에 있는 학교에 갔다.
❹ 필요한 소품을 직접 만들었다.

4. 나에 대한 설명으로 맞는 것은 무엇입니까? (   )

❶ 열 살 때 처음으로 연극을 했다.
❷ 외국으로 이민을 가는 것을 무서워했다.
❸ 연극을 공부하기 위해서 아순시온에 갔다.
❹ 한 달에 한 번 부모님을 만나러 집에 갔다.

5. 이 글의 내용과 같으면 ○, 다르면 × 하십시오.

1) 아버지는 주말에 구두를 주려고 아순시온에 오셨다. ( )

2) 아버지가 주신 구두 덕분에 첫 연극을 잘 할 수 있었다. ( )

3) 한국의 친구들과 헤어지기 싫어서 언니와 나는 많이 울었다. ( )

4) 이민을 간지 2년이 지난 후에 나는 파라과이 말을 잘하게 되었다. ( )

더 생각해 봅시다

1. 다음 그림을 보고 아버지의 사랑에 대해 이야기해 봅시다.

2. 여러분은 언제 아버지의 사랑을 느꼈습니까? 이야기해 보십시오.

YONSEI KOREAN READING 3

모임

01 라면친구

02 그 남자, 그 여자

03 국경없는 의사회

01 라면천국

1. 라면천국이라는 모임에서는 무엇을 할까요?

2. 여러분 나라에 음식과 관계가 있는 동호회가 있습니까?

온라인[1] 동호회 '라면천국[2]'은 라면을 좋아하는 사람들이 만든 모임이다. 이 모임은 10년 전에 한 라면 회사 직원이 라면을 좋아하는 사람들의 이야기를 듣고 싶어서 만들었다. 그 후 회원이 계속 늘어서 현재는 6만 7천 명이 넘는다. 우리나라에서 제일 큰 라면 동아리인 이 모임은 그 동안 TV와 라디오 방송, 잡지에도 여러 번 소개되었다.

이 모임의 회원들은 다양한 라면 정보를 서로 나눌 뿐만 아니라 자신만의 라면 끓이는 비법[3]을 공개한다[4]. 인터넷에는 김치, 치즈처럼 라면과 잘 어울리는 재료를 넣고 끓이는 간단한 요리법은 물론 라볶이[5]나 라파게티[6], 잡채 라면 등 개성이 넘치는 요리법도 있다. 이들은 라면 요리 비법과 이야기들을 모아 '라면천국'이라는 책도 냈는데[7] 이 책에 소개된 라면 요리법은 우리의 상식[8]을 뛰어넘는다[9]. 라면 위에 아이스크림을 올린 아이스크림 라면이나 초코 시럽[10]을 뿌린 초코 라면 등 우리가 상상할 수 없는 것도 많다.

이들은 오프라인[11]에서도 여러 활동을 한다. 동호회 회원들끼리 모여 전국[12]의 유명한 라면집을 찾아다니면서 직접 먹어보고 맛을 평가한다. 그리고 맛있는 집은 인터넷 사이트에 올려 소개한다. 이들이 낸 책에도 이렇게 찾아낸 전국의 맛있는 라면집이 소개되어 있다. 이들은 또한 라면 시식회가 열리는 곳과 라면 요리대회에도 빠지지 않고 다니면서 새로운 맛과 요리법에 대한 서로의 생각을 나눈다.

라면천국 회원들은 자기가 좋아하는 라면을 서로 소개하며 새로운 맛과 친구를

1) 온라인	online	オンライン	在线 (on-line)
2) 천국	paradise, heaven	天国	天堂
3) 비법	secret method	極意	秘诀
4) 공개하다	to make public	公開する	公开
5) 라볶이 (라면+떡볶이)	a combination of ramen and seasoned sliced rice cake	トッポッキにインスタントラーメンの麺を入れたもの	辣炒泡面
6) 라파게티 (라면+스파게티)	a combination of ramen and spaghetti	インスタントラーメンの麺を使ってスパゲッティのように調理したもの	用泡面做的意大利面
7) 내다	to publish, release	出す	出 (书)
8) 상식	common sense	常識	常识
9) 뛰어넘다	to exceed, go beyond	超える	超越
10) 시럽	syrup	シロップ	糖浆
11) 오프라인	offline	オフライン	下线
12) 전국	nationwide, across the nation	全国	全国

만난다. 전국의 라면집을 찾아다니며 새로운 장소와 사람을 만나기도 한다. 또한 고아원이나 양로원[13] 등을 방문하여 라면을 끓여 주는 봉사 활동을 통해서 보람을 느낀다. 라면을 통한 새로운 세상과의 만남, 이것이 바로 이들이 삶에서 느끼는 즐거움이다.

---

13) 양로원 | nursing home | 老人ホーム | 养老院

어휘 연습

1. 〈보기〉에서 알맞은 말을 골라 (　　　　)에 쓰십시오.

[보기]
전국　　천국　　내다　　공개하다　　뛰어넘다

1) 그 가수는 여자 친구 사진을 인터넷에 (　　　　　　)었다/았다/였다.

2) 그 곳은 경치가 너무 아름다워서 이 세상이 아닌 (　　　　　　)같다.

3) 그 시장에 가면 (　　　　　　)에서 올라온 싱싱한 과일과 채소를 살 수 있다.

4) 100미터를 8초 안에 뛰는 것은 인간의 능력을 (　　　　　　)는/은/ㄴ 일이다.

5) 사진이 취미인 그 사람은 그 동안 찍은 사진들을 모아 책을 (　　　　　　)었다/았다/였다.

2. 밑줄 친 단어의 의미가 다른 것을 고르십시오. (　　　　)

❶ 비만　　❷ 비법　　❸ 비밀　　❹ 비결

3. 다음 글의 내용에 맞게 〈보기〉에서 알맞은 말을 골라 (　　　　)에 쓰십시오.

[보기]
개성　　보람　　비법　　상식　　정보　　평가하다

'라면천국'은 라면을 좋아하는 사람들의 모임인 라면 동호회이다. 이 모임의 회원들은 라면에 대한 새로운 (　　　　　　)을/를 서로 알려주며 라면을 맛있게 끓이는 (　　　　　　)도 소개한다. 인터넷 사이트에는 라볶이나 라파게티 등 (　　　　　　)이/가 넘치는 요리도 나와 있다. 국물이 있어야 라면이라는 우리의 (　　　　　　)을/를 뛰어넘는 요리법도 많다. 이들은 전국의 맛있는 라면집을 찾아다니며 그 맛을 (　　　　　　)는다/ㄴ다. 또한 이들은 어려운 이웃들을 위한 봉사 활동도 하면서 (　　　　　　)을/를 느낀다. 라면에 대한 이들의 사랑은 끝이 없다.

내용 이해

1. 각 단락의 중심 내용을 찾아 연결하십시오.

첫 번째 단락 •	• 동호회 활동의 의의
두 번째 단락 •	• 동호회 '라면천국' 소개
세 번째 단락 •	• 인터넷에서의 활동
네 번째 단락 •	• 인터넷 밖에서의 활동

2. 동호회 '라면천국'에 대한 설명으로 맞는 것은 무엇입니까? (　　　　)

❶ 라면 회사에서 만들었다.
❷ 우리나라 라면 동호회 중에서 가장 크다.
❸ 라면을 좋아하는 사람들이 모여서 만들었다.
❹ 우리나라에 하나 밖에 없는 라면 동호회이다.

3. 동호회 회원들이 찾아가는 곳이 <u>아닌</u> 것은 어디입니까? (　　　　)

❶ 라면 회사　　❷ 라면 시식회
❸ 요리 대회　　❹ 유명한 라면 가게

4. 책 '라면천국'에 대한 설명으로 맞지 <u>않는</u> 것은 무엇입니까? (　　　　)

❶ '라면천국' 동호회 사람들이 만든 책이다.
❷ 전 세계의 맛있는 라면집을 소개하고 있다.
❸ 라볶이와 라파게티를 만드는 법도 실려 있다.
❹ 라면 요리법 뿐 만 아니라 다른 이야기도 실려 있다.

5. 이 글의 내용과 같으면 ○, 다르면 × 하십시오.

1) 초코 라면은 초콜릿으로 만든 라면이다. ( )

2) 라면천국 동호회에서는 시식회와 요리대회를 연다. ( )

3) 라면천국은 라면 회사에 다니는 사람들의 모임이다. ( )

4) 라면천국 동호회 회원들은 인터넷 밖에서도 활동한다. ( )

더 생각해 봅시다

1. 재미있는 모임을 아시나요? 다음 글을 읽고 여러분이 알고 있는 특이한 모임이나 만들고 싶은 재미있는 모임에 대해 이야기해 봅시다.

미국에는 번개를 맞은 사람들의 모임이 있다. 300명의 회원 중 한 명인 해럴드 딜 씨(57)는 1969년 번개를 맞은 이후 전혀 추위를 느끼지 못하는 '뜨거운 남자'로 유명하다. 겨울 날씨에도 반바지를 입고 지내는 그는 여름철에는 몸이 너무 뜨거워 얼음이 가득 찬 목욕탕 안에서 지낸다.

한 번도 아닌 두 번씩이나 벼락에 맞은 린다 쿠퍼(44) 씨는 어린 시절에 배운 계산법을 모두 잊어버렸다. 1983년 플로리다에서 첫 번째 벼락을 맞고 병원에서 정신을 차리고 보니 몸은 정상이었는데 간단한 계산법도 모두 잊어버렸다. 10년 후인 1993년, 전화하다가 또 한 차례 번개를 맞았다. 숫자 개념을 완전히 잃어버린 린다 쿠퍼 씨는 아직도 계산법을 배우고 있다.

이 모임의 스티브 마시번 회장(49)은 "벼락과 전기쇼크로부터 살아남은 사람들만이 회원이 될 수 있기 때문에 아마 세상에서 가장 가입하기 힘든 모임일 것"이라고 했다. 이 모임은 생각지도 못한 일로 힘들게 살아야 하는 사람들을 돕기 위해서 만든 재미있는 모임이다.

YONSEI KOREAN READING 3

02 그 남자, 그 여자

1. 오랜만에 동창회에 간다면 사람들은 누구를 가장 보고 싶어할까요?

2. 동창회에서 짝사랑했던 사람을 만난다면 어떻게 하시겠습니까?

준호의 일기

2010년 6월 18일 금요일 맑음

오늘 초등학교 동창회가 있었다. 선영이가 나온다는 얘기에 아침부터 가슴이 두근거렸다[1]. 회사에서도 하루 종일 동창회 생각에 일을 할 수 없었다. 퇴근 시간이 다 되어갈 때쯤 부장님이 갑자기 오늘 저녁에 회식을 한다고 하셨다. 하지만 난 일이 있어서 먼저 가 봐야 한다고 말하고 서둘러서 회사를 빠져나왔다[2].

약속 장소에 도착해서 자리에 앉자마자 선영이가 어디에 있는지 둘러봤다. 아무리 둘러봐도 선영이의 모습은 보이지 않았다. 그 때 누군가 선영이의 이름을 불렀다. 나는 그 쪽으로 고개를 돌렸다. 그런데 거기엔 내가 상상한 것과는 너무 다른 여자가 앉아 있었다. 내 기억 속의 선영이는 하얀 얼굴에 큰 눈을 가진 귀여운 아이였다. 하지만 지금의 선영이는 조금 통통하고[3] 얼굴도 하얀 편이 아니었다. 선영이를 만난다는 생각에 기대를 잔뜩[4] 했는데 많이 달라진 모습에 실망했다[5].

나는 선영이 옆으로 가서 어색하게 인사를 한 후에 나를 기억하냐고 물었다. 나를 한참 보던 선영이가 미소를 지으면서 안다고 대답했다. 소풍갔을 때 내가 도시락[6]을 집에 두고 와서 선영이가 자기 것을 나눠 줬던 일을 선영이도 기억하고 있었다. 얼굴뿐만 아니라 마음도 예뻐서 그 때부터 학교에 다니는 동안 계속 짝사랑[7]을 했었다고 말하니까 선영이는 웃었다. 선영이의 웃는 모습을 보니까 예전[8]에 내가 좋아했던 선영이의 모습이 보였다. 우리 두 사람은 모임이 끝날 때까지 계속 이야기를 나누었다.

왠지[9] 모르게 어떤 희망 같은 것이 생긴다. 예전에는 오르지 못 할 나무였지만

1) 두근거리다	to pound, palpitate	どきどきする	(心) 扑通扑通跳
2) 빠져나오다	to escape, get out	抜け出てくる	抽身
3) 통통하다	plump, chubby	ふっくらとしている	胖嘟嘟的
4) 잔뜩	extremely, intensely	いっぱい	满心
5) 실망하다	be disappointed, let down	がっかりする	失望
6) 도시락	(box) lunch, lunch box(saked lunch)	弁当	盒饭
7) 짝사랑	unrequited love	片想い	单恋
8) 예전	a previous time, the past	昔	以前
9) 왠지	somehow	なぜか	不知怎么的

이젠 내 키에 맞는 나무 같이 느껴진다. 다음 모임 때도 나올까? 예감[10]이 좋다.

---

10) 예감 | hunch,premonition | 予感 | 预感

선영이의 일기

2010년 6월 18일 금요일 맑음

오늘 처음으로 초등학교 동창회에 나갔다. 예전부터 동창회가 있다는 것은 알고 있었지만 어렸을 때의 날 기억하는 아이들을 만나는 게 왠지 어색하고 자신이 없어서 모임에 나가지 않았었다.

며칠 전, 초등학교 인터넷 동창 모임 사이트에서 오늘 동창회를 한다는 쪽지[11]가 왔다. 나갈까 말까 고민을 좀 하다가 주말 저녁이고 다른 계획도 없어서 이번엔 나가겠다고 했다. 오랜만에 만나면 어색할까 봐 걱정했는데 친구들을 만나보니까 금방 어색함이 사라졌다. 친구들은 외모[12]가 많이 변하긴 했지만 옛날 얼굴이 조금씩은 남아 있어서 금방 알아볼 수 있었다. 나를 환영해 주는 애들을 보면서 좀 더 일찍 동창회에 참석하지 않은 걸 후회했다.

옛날 추억을 떠올리며 이런저런 이야기를 나누고 있는데 갑자기 한 아이가 내 옆으로 와서 인사를 했다. 처음에는 누군지 몰랐다. 하지만 한참을 본 후에 준호인 것을 알았다. 초등학교 때 준호는 그렇게 눈에 띄는 아이가 아니었고 나와 별로 친하지도 않았다. 하지만 지금은 너무 멋있는 모습으로 변해[13] 있었다. 준호는 어렸을 때 내가 자기에게 도시락을 나눠준 일을 이야기하면서 그 때부터 나를 많이 좋아했었다고 했다. 우리는 모임이 끝날 때까지 많은 이야기를 했다. 준호가 나에 대해서 작은 것까지 자세히 기억하고 있는 걸 보고 좀 놀랐다.

모임이 끝나고 집으로 돌아오는데 나를 보던 준호의 눈빛이 자꾸[14] 생각났다. 왠지 가슴이 설렜다[15]. 옛날 일이지만 그렇게 멋있는 애가 날 좋아했었다니 정말 믿을 수가 없다. 준호가 다음 모임에도 나올까? 혹시 여자 친구는 있을까? 준호와 더 친해질 수 있으면 좋겠다.

11) 쪽지	message, note	インスタントメッセージ	纸条
12) 외모	outward appearance, looks	外見	外貌
13) 변하다	to change	変る	变化
14) 자꾸	repeatedly, frequently	しきりに	总是
15) 설레다	to flutter, be excited	ときめく	激动

어휘 연습

1. 〈보기〉에서 알맞은 말을 골라 (   )에 쓰십시오.

[보기]
잔뜩　　예감　　변하다　　통통하다　　두근거리다

1) 날씨가 (   ) 흐려서 곧 비가 올 것 같다.

2) 오늘은 왠지 좋은 일이 있을 것 같은 (   )이/가 든다.

3) 나는 너무 마른 사람보다는 조금 (   )는/은/ㄴ 사람이 좋다.

4) 처음 그 사람을 만났을 때 너무 멋있어서 가슴이 (   )었다/았다/였다.

5) 20년 만에 온 한국은 예전의 모습과는 정말 많이 (   )어/아/여 있었다.

2. 다음 단어 중 맞지 않는 것을 고르십시오. (   )

❶ 두근거리다　　❷ 활짝거리다
❸ 반짝거리다　　❹ 소곤거리다

3. 다음 글의 내용에 맞게 〈보기〉에서 알맞은 말을 골라 (   )에 쓰십시오.

[보기]
예전　　왠지　　자꾸　　짝사랑　　실망하다　　설레다

준호는 오늘 동창회에서 초등학교 때 (   )을/를 했던 선영이를 만날 수 있다는 생각 때문에 아침부터 가슴이 설렜다. 동창회에 간 준호는 처음에는 선영이의 달라진 모습을 보고 조금 (   )었다/았다/였다. 하지만 선영이와 이야기를 나누다 보니까 선영이의 (   ) 모습이 다시 보였고, 준호는 동창회가 끝날 때까지 선영이와 계속 대화를 나누었다. 동창회가 끝나고 나서 준호는 선영이를 생각하며 (   ) 희망을 같은 것을 느꼈다.

선영이는 오늘 처음으로 나간 동창회에서 자기를 짝사랑했다는 친구 준호를 만났다. 많이 변한 준호를 빨리 기억해 내지는 못했지만 즐겁게 이야기를 나누면서 준호에 대해서 많이 알게 되었다. 선영이는 집으로 돌아오는 길에 자신을 보던 준호의 눈빛이 (   ) 생각났다. 멋있어진 준호가 자신을 좋아했다는 사실에 (   )었다/았다/였다.

내용 이해

1. 글을 읽고 준호와 선영이의 마음이 어떻게 달라졌는지 쓰십시오.

	준호	선영
동창회에 가기 전	두근거렸다	어색할까 봐 걱정했다
동창회가 시작된 후에		
동창회가 끝난 후에		

2. 준호의 오늘 하루에 대한 설명으로 맞는 것은 무엇입니까? (   )

❶ 회식이 있어서 동창회에 늦었다.
❷ 오늘 하루 종일 열심히 일을 했다.
❸ 선영이를 보기 위해서 오늘 동창회에 갔다.
❹ 동창회에 가자마자 선영이에게 반갑게 인사를 했다.

3. 선영이의 오늘 하루에 대한 설명으로 맞는 것은 무엇입니까? (   )

❶ 준호와의 만남을 기대했다.
❷ 오늘 동창회에 나간 것을 후회했다.
❸ 오랜만에 친구들을 만나니까 어색했다.
❹ 오늘 동창회에서 준호와 이야기를 많이 했다.

4. 이 글에 대한 설명으로 맞는 것은 무엇입니까? (   )

❶ 준호는 어렸을 때와 별로 달라진 점이 없다.
❷ 선영이는 주말 계획을 취소하고 동창회에 나갔다.
❸ 준호는 동창회에서 선영이에게 좋아한다고 말했다.
❹ 선영이는 준호를 처음 봤을 때 잘 기억하지 못했다.

5. 이 글의 내용과 같으면 ○, 다르면 × 하십시오.

1) 선영이는 어렸을 때보다 더 예뻐졌다. (　　　)

2) 선영이는 동창회 모임 후에 준호에게 관심이 생겼다. (　　　)

3) 준호는 옛날에 선영이에게 도시락을 나눠준 적이 있다. (　　　)

4) 준호는 회식과 동창회 시간이 같아서 며칠 전부터 고민했다. (　　　)

더 생각해 봅시다

1. 한국에는 다음과 같은 인터넷 동창 클럽이 많습니다. 여러분 나라의 유명한 동창 사이트로는 어떤 것이 있습니까?

- **아이러브스쿨 (http://www.iloveschool.co.kr)**

  인터넷에서 학교 동창을 찾아주는 사이트이다. 초등학교에서 대학교까지 옛 추억을 함께 했던 학교 친구와 선배·후배를 찾아준다.

- **싸이월드 클럽 (http://club.cyworld.com)**

  한국의 인터넷 커뮤니티 사이트이다. 가입할 때 출신 학교를 등록하면 동문이나 동창을 찾을 수 있게 되어 있다.

- **다음 카페 (http://cafe.daum.net)**

  포털 사이트 '다음' (daum)의 인터넷 커뮤니티 사이트이다. 1999년에 서비스를 시작하여 네티즌에게 큰 인기를 얻었다.

03 국경[1] 없는 의사회

MEDECINS SANS FRONTIERES

1. '국경없는 의사회' 는 어떤 모임일까요?

2. 여러분은 어려운 사람들을 위해 어떤 봉사를 할 수 있습니까?

1) 국경	border (between two countries)	国境	国境

세계 여러 곳에는 자연재해[2]나 전쟁으로 어려움을 겪고[3] 있는 사람들이 많다. 예를 들어 병에 걸려도 치료를 받지 못하거나 가뭄[4]으로 먹을 것이 없어 굶어[5] 죽는 사람들이 있다. 또 원하지 않는 전쟁으로 다치거나 죽는 사람들도 있다. 여러 국제단체들이 이런 사람들을 돕고 있지만 도움을 필요로 하는 사람들이 어느 나라 사람이고 어떤 종교를 믿는 지에 따라서 도움을 못 받을 수도 있다. 인간의 생명[6]보다도 정치, 종교 그리고 인종[7]을 더 중요하게 생각하기 때문이다. 이러한 현실[8]을 안타깝게[9] 생각한 사람들이 모여서 **'국경없는 의사회'**를 만들었다.

국경없는 의사회는 1971년 **베르나르 쿠슈네르**가 중심이 되어서 의사, 언론인 등 12명이 만든 국제적인 민간단체이다. 이 모임에 드는 돈은 대부분 같은 뜻을 가진 개인들의 기부금에서 나온다. 따라서 이 모임의 활동은 비정치적이고 비종교적이다. 그렇기 때문에 이 단체의 회원들은 도움이 필요한 곳이면 어디든지 갈 수 있다.

국경없는 의사회는 현재 3,000여명의 의사, 간호사와 10,000명 이상의 자원봉사자[10]들이 함께 활동하고 있다. 이 단체에서 일하는 사람은 외국에서 활동하기 때문에 영어를 잘 해야 한다. 물론 의사와 간호사는 환자를 치료할 수 있는 기술[11]과 경험도 있어야 한다. 그러나 이 모임에 의사나 간호사만 들어갈 수 있는 것은 아니다. 사무를 보는 사람, 필요한 물건을 사고 옮기는 사람,

- **국경없는 의사회** (MSF, Médecins Sans Frontières) : 세계 여러 곳의 어려운 사람들을 도와주는 국제구호 단체 | Doctors without Borders(an International relief organization that helps needy people around the world) | 「国境なき医師団」(世界の諸地域の恵まれない人々を支援する国際救護団体) | 无国界医生组织(国际救援组织, 帮助世界各地有困难的人)
- **베르나르 쿠슈네르** (Bernard Kouchner, 1939~) : 국경없는 의사회를 만든 사람으로 의사, 정치가, 외교관으로 활동하고 있음. | Bernard Kouchner(a doctor, politician, and diplomat, who founded Doctors without Borders) | ベルナール・クシュネル(「国境なき医師団」を創設した人物で、医師、政治家、外交官として活動している) | 贝尔纳·库什内(无国界医生组织的创始人, 医生, 政治家, 外交家)

2) 자연재해	natural disaster	自然災害	自然灾害
3) 겪다	to experience, suffer	経験する	饱受
4) 가뭄	drought	干ばつ	旱灾
5) 굶다	to starve, go hungry	飢える	饥饿
6) 생명	life	命	生命
7) 인종	race, ethnic group	人種	人种
8) 현실	reality	現実	现实
9) 안타깝다	regrettable, sad	気の毒だ	难过
10) 자원봉사자	volunteer worker	ボランティア	志愿者
11) 기술	technology	技術	技术

음식을 만드는 사람 등등 여러 분야[12]에서 일할 사람들이 필요하다. 하지만 무엇보다도 중요한 것은 어려운 사람을 돕고 싶어 하는 마음이다.

국경없는 의사회 회원들은 보통 천막[13]이나 창고에서 힘들게 일을 하고 있다. 이들은 돈을 벌기 위해서 일하는 것이 아니기 때문에 적은 생활비만 받으면서 활동하고 있다. 뿐만 아니라 이들은 언제나 위험한[14] 상황에 놓여 있다. 지진[15]이나 홍수[16], 전쟁과 테러[17] 그리고 무서운 질병[18]이 있는 곳에 가기 때문이다.

1995년 북한에서 큰 홍수가 났다. 많은 사람들이 다치거나 죽고 병에 걸렸다. 또한 배고픔과 추위로 고생을 하고 있었다. 그러나 정치적인 이유로 어떤 단체도 북한에 도움을 주지 못하고 있었다. 그 때 유일하게[19] 북한에 간 단체가 국경없는 의사회였다. 그들은 몸과 마음이 힘든 북한 사람들에게 음식을 나눠 주고 병을 치료해 주었다. 이 일로 국경없는 의사회는 1997년 서울특별시에서 주는 서울 평화상[20]을 받았다. 그리고 같은 이유로 1999년에는 노벨 평화상을 받았다. 그 때 상금[21]으로 받은 11억 원은 가난한 사람들에게 줄 약을 구입하는 데 사용했다.

어려운 상황이 생겼을 때 어떤 단체보다도 빨리 달려가는 국경없는 의사회는 가장 힘 있고 따뜻한 비정부단체[22]이다. 기적[23]이 아닌 '사랑'을 믿는 이 모임의 회원들은 지금도 세계 곳곳에서 사랑을 나누고 있다.

12) 분야	area, field (of expertise)	分野	领域
13) 천막	tent	テント	帐篷
14) 위험하다	dangerous	危険だ	危险
15) 지진	earthquake	地震	地震
16) 홍수	flood	洪水	洪水
17) 테러	terrorism	テロ	恐怖行动
18) 질병	disease	病気	疾病
19) 유일하다	the only (one); exclusive	唯一だ	唯独
20) 평화상	peace prize	平和賞	和平奖
21) 상금	prize money	賞金	奖金
22) 비정부단체	NGO (Non-Governmental Organization)	非政府組織	非政府组织
23) 기적	miracle	奇跡	奇迹

어휘 연습

1. 〈보기〉에서 알맞은 말을 골라 (   )에 쓰십시오.

[보기]
국경 기적 분야 굶다 위험하다

1) 리에는 요즘 살을 빼기 위해서 저녁을 (   )고 있다.

2) 가끔은 믿을 수 없는 (   )과/와 같은 일들이 일어난다.

3) 프랑스에서 기차를 타고 폴란드로 가려면 독일 (   )을/를 지나야 한다.

4) 혼자서 여행하는 것은 (   )는다고/ㄴ다고/다고 아버지께서 반대하셨다.

5) 이 책에는 컴퓨터, 자동차, 여행 등 여러 (   )에 대한 설명이 들어 있다.

2. 단어의 연결이 <u>다른</u> 하나를 고르십시오. (   )

❶ 인종 – 백인
❷ 언론사 – 방송국
❸ 자연재해 – 지진
❹ 단체 – 자원봉사자

3. 다음 글의 내용에 맞게 〈보기〉에서 알맞은 말을 골라 (   )에 쓰십시오.

[보기]
상금 생명 자연재해 자원봉사자 겪다 유일하다 비정치적이다

국경없는 의사회는 전쟁이나 (   )으로/로 어려움을 (   )고 있는 사람들에게 도움을 주는 단체이다. 따라서 이 단체의 회원들이 가는 곳은 대부분 위험한 곳이다. 하지만 회원들 대부분은 자신이 원해서 들어 온 (   )들이다. 그리고 국경없는 의사회는 어떤 정부와도 관계가 없는 (   )는/은/ㄴ 단체이다. 이 단체는 정치나 종교보다는 사람들의 (   )을/를 제일 중요하게 생각한다. 그래서 1995년 북한에 홍수가 났을 때에도 비정부단체로는 (   )게 북한에 갔다. 노벨 평화상 (   )으로/로 받은 11억 원은 가난한 사람들을 위해 썼다.

내용 이해

1. 이 글을 읽고 아래의 표를 완성하십시오.

모임의 이름	국경없는 의사회
만든 시기	
만든 사람	
모임의 성격	
회원의 성격	
활동하는 곳	
활동	
받은 상	

2. '국경없는 의사회'에 대한 설명으로 맞지 않는 것은 무엇입니까? (   )

❶ 회원들은 돈을 받지 않고 일을 한다.
❷ 도움이 필요한 곳이면 어디든지 간다.
❸ 무엇보다도 인간의 생명을 중요하게 생각한다.
❹ 어떤 정부나 종교의 도움 없이 활동하고 있다.

3. 이 모임에 들어 갈 수 있는 조건이 아닌 것은 무엇입니까? (   )

❶ 봉사 정신이 있어야 한다.
❷ 영어를 잘 할 수 있어야 한다.
❸ 어려운 사람을 돕고 싶은 마음이 있어야 한다.
❹ 의사처럼 사람을 치료할 수 있는 기술이 있어야 한다.

4. 이 글의 내용과 같은 것은 무엇입니까? (   )

❶ 이 모임의 회원은 현재 3,000여명이다.
❷ 특별한 기술이 없어도 들어갈 수 있다.
❸ 회원들은 기적을 바라며 활동하고 있다.
❹ 노벨 평화상 상금을 북한 사람들에게 기부했다.

5. 이 글의 내용과 같으면 ○, 다르면 × 하십시오.

1) 국경없는 의사회는 노벨 평화상을 받았다. ( )

2) 의사가 아닌 사람은 이 모임에 들어갈 수 없다. ( )

3) 정치, 종교적인 이유로 도움을 받지 못하는 나라도 있다 ( )

4) 북한에 홍수가 났을 때 여러 비정부단체가 도움을 주러 갔다. ( )

더 생각해 봅시다

1. 다음은 '나눔' 에 대한 광고입니다. 이 광고를 보고 여러분이 활동하고 있거나 가입하고 싶은 봉사 단체에 대해서 이야기해 봅시다.

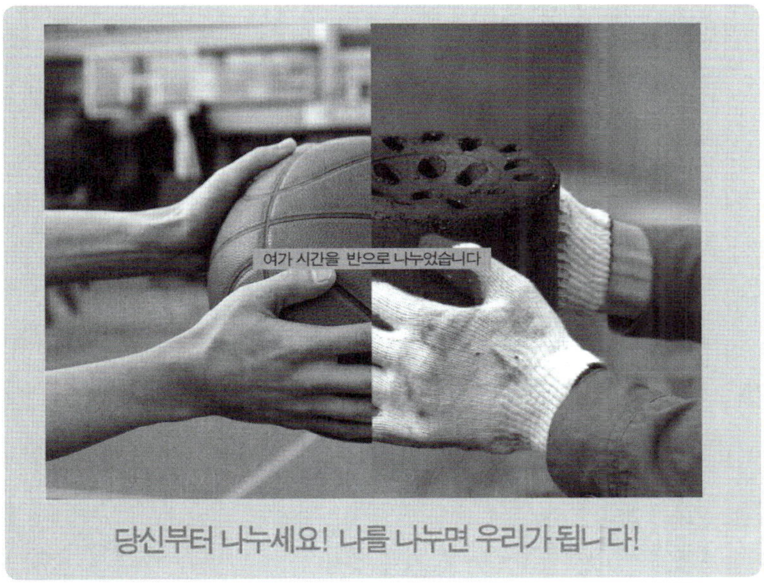

YONSEI KOREAN READING 3

제7과 실수와 사과

01 오줌싸개[1)]

1. 그림 속의 아이는 왜 울고 있을까요?

2. 여러분은 어렸을 때 오줌을 싼 경험이 있습니까?

1) 오줌싸개 | bed wetter | 寝小便たれ | 尿床的孩子

CD: 19

어렸을 때 자다가 요[2]에 지도를 그린 적이 누구에게나 한 번 쯤은 있을 것이다. 아이들은 이런 실수를 하고 엄마에게 야단을 맞을까[3] 봐 무서워서 걱정을 한다. 또 어떻게 할까 고민하다가 이불로 살짝[4] 덮어 놓고 몰래 학교에 가거나 물을 흘린 것처럼 쏟아[5] 놓기도 한다.

한국에서는 오줌을 가릴[6] 나이가 된 아이들이 그런 실수를 하면 키[7]를 씌우고 바가지[8]를 들고 이웃집에 가서 소금을 받아 오게 했다. 소금은 나쁜 기운을 쫓아버리고 더러운 것을 깨끗하게 해주는 힘이 있다고 믿었기 때문이다. 키를 쓰고 바가지를 들고 동네를 돌아 다니면 요에 오줌 쌌다[9]는 것을 동네 사람들이 다 알게 되는데 그것은 참 부끄러운 일이었다. 아주머니들은 소금을 주시면서 다시는 오줌 싸지 말라고 야단을 치셨다. 동네 아이들은 뒤를 따라다니며 하루 종일 놀렸다. 여자 아이들이 키를 쓰고 소금을 얻으러 다니는 모습은 자주 볼 수 없었지만 남자 아이들에게는 흔한 일이었다.

아이들이 오줌을 싸면 어른들은 불장난을 했냐고 물어보기도 했다. 불장난을 하면 흥분되고[10] 매우 긴장하게 된다. 또 너무 재미있어서 시간 가는 줄 모르고 오래 놀게 된다. 그래서 불장난을 한 후에는 너무 피곤해서 오줌을 싸는 것도 모르고 잔다. 그래서 어른들은 "불장난하지 마라. 불장난하면 오줌 싼다"는 말을 자주 하셨다.

세탁기도 없던 때에 큰 이불 빨래는 보통 일이 아니었다. 추운 겨울에 차가운 물로 빨래를 하고 나면 손은 꽁꽁[11] 얼고[12] 그 이불을 말리는데 며칠이나 걸렸다.

2) 요	mattress	敷き布団	褥子
3) 야단을 맞다	to be scolded, get in trouble	叱られる	受批评
4) 살짝	secretly; quietly	そっと	稍稍
5) 쏟다	to pour, spill	こぼす	泼
6) 가리다	to make a distinction (here: to be toilet-trained)	(時と場所をわきまえて)排泄する	遮
7) 키	a winnowing basket	箕	簸箕
8) 바가지	gourd (used as a dipper or scoop)	ひょうたん	瓢
9) 오줌 싸다	to urinate	小便をもらす	尿尿
10) 흥분되다	to become excited	興奮する	兴奋
11) 꽁꽁	to a strong degree; solid, hard	かちかちに	(冻得) 硬邦邦
12) 얼다	to freeze	かじかむ	冻

그래서 어른들은 아이들에게 한 번 크게 창피를 주어[13] 오줌 싸는 버릇[14]을 고치게 하려고 했다. 키를 쓰고 바가지를 들고 이웃집에 소금을 얻으러 가는 것은 두 번 다시 하고 싶지 않은 일이기 때문이다.

13) 창피를 주다	to humitiate, disgrace	恥をかかせる	使惭愧
14) 버릇	habit	くせ	毛病

어휘 연습

1. 〈보기〉에서 알맞은 말을 골라 (　　　　　)에 쓰십시오.

[보기]
가리다　　긴장하다　　흥분되다　　야단을 맞다　　창피를 주다

1) 너무 (　　　　　　　)어서/아서/여서 말하기 시험을 잘 보지 못했다.

2) 보통 5~6살 되면 대부분 아이들은 오줌을 (　　　　　　　)는다/ㄴ다/다.

3) 장난을 치다가 비싼 도자기를 깨서 엄마한테 (　　　　　　　)었다/았다/였다.

4) 그 사람은 여러 사람 앞에서 내 옷차림이 이상하다고 (　　　　　　　)었다/았다/였다.

5) 그 남자는 (　　　　　　　)는/은/ㄴ 얼굴로 어제 있었던 축구경기 이야기를 했다.

2. '살짝' 과 함께 쓸 수 없는 단어는 무엇입니까? (　　　　　)

❶ 보다　　❷ 덮다　　❸ 말하다　　❹ 잃어버리다

3. 다음 글의 내용에 맞게 〈보기〉에서 알맞은 말을 골라 (　　　　　)에 쓰십시오.

[보기]
요　　키　　버릇　　바가지　　불장난　　살짝　　꽁꽁

아이들은 자다가 (　　　　　)에 오줌을 싸면 그것을 감추려고 이불을 (　　　　　) 덮어놓기도 한다. 옛날에 한국에서는 아이들이 오줌을 가릴 나이가 되었는데도 오줌을 싸면 아이에게 (　　　　　)을/를 씌우고 (　　　　　)을/를 들고 소금을 얻어 오게 했다. 그렇게 한 이유는 아이들에게 창피를 주어서 오줌 싸는 (　　　　　)을/를 고치려고 한 것이다. 또 오줌을 싼 아이에게 (　　　　　)을/를 했냐고 물어보기도 했다. 왜냐하면 불장난을 하면 밤에 오줌을 싸는 일이 많았기 때문이었다. 세탁기가 없던 때에 빨래는 보통 일이 아니었다. 겨울에 찬 물에 빨래를 하고 나면 손이 (　　　　　) 얼었다.

내용 이해

1. 각 단락의 중심 내용을 쓰십시오.

단락	중심 내용
첫 번째 단락	어릴적의 경험
두 번째 단락	
세 번째 단락	
네 번째 단락	

2. 이 글에 대한 설명으로 맞는 것은 무엇입니까? (   )

❶ 오줌을 싼 아이에게 키에 소금을 얻어 오게 했다.
❷ 오줌 싼 아이는 바가지를 쓰고 이웃집에 가야 했다.
❸ 동네 아이들은 하루 종일 따라다니며 오줌 싼 아이를 놀렸다.
❹ 이웃집 아주머니는 소금을 주시면서 오줌을 싸지 말라고 때렸다.

3. 소금을 주는 이유는 무엇입니까? (   )

❶ 소금은 비싼 것이어서
❷ 소금을 집안에 뿌리려고
❸ 소금으로 나쁜 기운을 없애려고
❹ 소금으로 요를 깨끗이 빨래하려고

4. 불장난을 하면 오줌 싼다고 말한 이유와 관계가 없는 것은 무엇입니까? (   )

❶ 불장난을 하면 흥분되고 긴장을 하게 된다.
❷ 불장난을 하다가 긴장되어 건강이 나빠진다.
❸ 불장난은 재미있어서 오래 하기 때문에 피곤하다.
❹ 불장난을 하면 피곤해서 오줌을 싸는 것도 모르고 잔다.

5. 이 글의 내용과 같으면 ○, 다르면 × 하십시오.

1) 여자아이에게는 키를 쓰게 하지 않았다. ( )

2) 소금은 가까운 옆 동네에서 얻어 오게 했다. ( )

3) 옛날에는 요나 이불 빨래하기가 아주 힘들었다. ( )

4) 오줌 싼 아이는 소금 얻어 오는 것을 재미있어했다. ( )

더 생각해 봅시다

1. 다음 글을 읽고 실수한 후에 어떻게 했는지 재미있는 경험을 이야기해 보십시오

며칠 전 아침 학교에 가는 길에 실수를 했습니다. 저는 제 앞에 마주 오는 사람이 제가 아는 사람인줄 알고 반갑게 인사하며 다가갔습니다. 그런데 가까이 가서 보니 모르는 사람이었습니다. 멀리서 볼 때는 친구 같았는데 그냥 비슷한 사람이었습니다.

순간 저는 당황했지만 실수한 것처럼 보이고 싶지 않았습니다. 그래서 그 사람 뒤에서 오고 있는 사람에게 인사한 것처럼 그 뒤에 오는 사람을 향해 손을 흔들었습니다. 아마 그 사람은 제가 실수한 것을 잘 몰랐을 것입니다. 그 날 학교에 가서도 실수를 했습니다. 2교시가 끝나고 우리 교실을 찾아간다는 것이 한 층 아래 교실에 갔습니다. 교실에 들어서는 순간 우리 교실이 아니라는 것을 알았습니다. 그리고는 마치 친구를 찾아온 것처럼 "여기 존슨 씨 교실 아니에요?"라고 물었습니다.

오줌을 쌌을 때	물을 부어서 국을 흘린 것처럼 했다
친한 친구 생일을 잊어버리고 지나갔을 때	
실수해서 남자/여자 화장실에 들어갔을 때	
친구 집에 전화해서 친구와 목소리가 비슷한 친구 아버지께 반말을 했을 때	

02 실수에서 태어난 발명[1)]

1. 풀을 만드는 사람이 있었다. 그는 여러 재료를 섞어서 새로운 풀을 만들었다. 그 풀을 바른 종이는 붙기는 붙었지만 쉽게 떨어졌다. 이것 때문에 고민하고 있을 때 친구가 찾아왔다. 친구는 이것을 메모할 때 쓰면 좋겠다고 했다. 지금의 이것은 우리가 흔히 쓰는 문구이다. 이것은 무엇일까?

2. 여러분은 실수 때문에 오히려 잘 된 경우가 있습니까?

---

1) 발명	invention	発明	发明

우리는 살면서 많은 실수를 한다. 대부분의 실수는 자신뿐만 아니라 다른 사람들에게도 피해[2]를 준다. 그래서 사람들은 실수를 피하려고 한다. 하지만 모든 실수가 다 나쁜 결과를 가져오는 것은 아니다. 어떤 실수는 우리에게 또 다른 기회가 되기도 한다.

1850년대 미국의 샌프란시스코에서는 황금이 많이 나왔다. 그 소문[3]을 들은 사람들은 황금을 캐기[4] 위해서 전국에서 하루에도 수십 명씩 이곳을 찾아왔다. 갑자기 사람들이 몰려드니까[5] 묵을 곳이 부족했다. 그래서 사람들은 천막을 치고[6] 살기 시작했다. 천막에서 사는 사람들이 늘게 되었고, 그 때문에 천막을 사려는 사람들도 늘었다. 그 때 천막 천을 만들어서 돈을 많이 번 사람이 있었는데 그 사람이 바로 **리바이 스트라우스**다.

스트라우스는 어느 날 군대에서 천막 천을 10만 개 만들어 달라는 주문을 받았다. 뜻밖에 큰돈을 벌 기회를 잡은 그는 너무 기뻤다. 직원들은 즐거운 마음으로 매일 열심히 일을 했다. 하지만 그 기쁨은 잠깐이었다. 염색하는 직원의 실수로 군대에서 주문한 녹색이 아닌 파란색으로 모두 염색했기 때문이다. 결국 스트라우스는 그 천들을 군대에 팔 수 없었다. 10만 개의 천은 모두 쓸모없는[7] 것이 되어서 스트라우스는 하루아침에 모든 것을 잃어버리게 되었다.

절망[8]에 빠져 일자리를 찾아 여기저기 돌아다니던 그는 우연히 광부[9]들이 모여서 바지를 꿰매고[10] 있는 것을 보았다. 광부들은 천이 약해서 쉽게 해지는 것을 불평하고 있었다. 그때 잘못 염색해서 창고에 쌓여 있는 파란색 천막 천들이

- **리바이 스트라우스**(Levi Strauss) : 미국으로 이주 정착한 유대계 독일인으로 청바지를 생산하는 공장을 세계 최초로 설립한 사람 (1829~1902) | Levi Strauss, 1829–1902(A Jewish-German who founded the first factory to produce jeans) | リーバイ・ストラウス(アメリカに移住し定着したユダヤ系ドイツ人で、ジーンズを生産する工場を世界で最初に設立した人物) | 李维·史特劳斯 (移民并定居美国的德国籍犹太人, 创建了世界上最早的牛仔裤生产工厂)

2) 피해	harm, damage	迷惑	损害
3) 소문	rumor	うわさ	传闻
4) 캐다	to dig (up)	掘る	挖掘
5) 몰려들다	to gather, crowd (around)	押し寄せる	涌入
6) 치다	to pitch, set up	張る	搭建
7) 쓸모없다	useless, worthless	役に立たない	无用的
8) 절망	despair	絶望	绝望
9) 광부	mine worker	鉱夫	矿工
10) 꿰매다	to stitch, sew (up)	縫う	缝补

그의 머릿속에 떠올랐다. 스트라우스는 질긴[11] 천막 천으로 옷을 만들면 쉽게 구멍이 나지 않을 것이라고 생각했다. 그는 바로 공장으로 달려가서 바지를 만들었다.

스트라우스는 천막 천으로 만든 바지를 먼저 몇 명의 광부들에게 입혀 봤다. 광부들은 질기고 튼튼한 이 바지를 아주 좋아했다. 그 모습을 보고 힘을 얻은 그는 남은 천을 모두 바지로 만들어서 광부들에게 팔기 시작했다. 바지는 광부들의 입에서 입으로 소문이 퍼져[12] 날개 돋친 듯이[13] 팔렸다. 바지에 관한 소문은 전국으로 퍼져 광부뿐만 아니라 일반인[14]들도 입기 시작했다. 스트라우스는 이 바지를 1873년에 블루진이라는 이름으로 시장에 내놓았고, 지금은 남녀노소[15] 모두 즐겨 입는 세계인의 옷이 되었다.

사람은 누구나 실수를 한다. 그러나 실수를 성공으로 만드는 사람은 많지 않다. 스트라우스는 실수를 또 다른 기회로 이용했다. 그의 이런 생각의 전환[16]이 청바지를 만든 것이다. 실수는 사실 실수가 아닐 수도 있다. 되돌릴[17] 수 없는 실수를 해도 조금만 다르게 생각을 하면 그것이 더 좋은 기회가 될 수도 있다.

11) 질기다	tough, durable	丈夫だ	结实
12) 퍼지다	to spread, circulate	広がる	传开
13) 날개 돋친 듯이	to sell like hotcakes	翼が生えたように	像长上了翅膀一样
14) 일반인	ordinary citizen	一般人	普通人
15) 남녀노소	men and women of all ages	老若男女	男女老少
16) 전환	change, switch	転換	转变
17) 되돌리다	to take back, restore (to a previous state)	取り返す	挽回

어휘 연습

1. 〈보기〉에서 알맞은 말을 골라 (   )에 쓰십시오.

[보기]
치다 캐다 되돌리다 몰려들다 쓸모없다

1) 한 번 지나간 시간은 다시 (   )을/ㄹ 수 없다.

2) 여름에 모기가 많아서 모기장을 (   )고 잤다.

3) 유명 가수의 무료 콘서트에 사람들이 (   )었다/았다/였다.

4) 밭에 있는 감자를 (   )는/은/ㄴ 일은 힘들지만 재미있는 일이다.

5) 우리가 (   )다고 생각해서 버린 물건도 좋은 재활용품이 될 수 있다.

2. 서로 관계가 있는 단어를 연결하십시오.

날개 돋친 듯이 •	• 거짓말하다
물 쓰듯이 •	• 돈을 쓰다
미친 듯이 •	• 팔리다
밥 먹듯이 •	• 소리 지르다

3. 다음 글의 내용에 맞게 〈보기〉에서 알맞은 말을 골라 (   )에 쓰십시오.

[보기]
소문 전환 절망 꿰매다 질기다 날개 돋친 듯이

1850년대에 많은 사람들이 (   )을/를 듣고 황금을 캐기 위해서 미국 샌프란시스코로 찾아왔다. 묵을 곳이 부족했던 사람들은 천막을 치고 잠을 잤다. 그때 천막 천을 팔아서 돈을 번 리바이 스트라우스라는 사람이 있었다. 어느 날, 그는 군대로부터 10만 개의 천막 천을 주문 받았다. 하지만 염색을 잘못해서 10만 개의 천이 모두 쓸모없는 것이 되어 버렸고, 그는 (   )에 빠졌다. 하지만 그는 광부들이 해진 바지를 열심히 (   )고 있는 장면을 보고 그 천막 천으로 바지를 만들었다. (   )고 튼튼한 이 바지는 (   ) 팔렸다. 이런 생각의 (   )은/는 실수를 또 다른 기회로 만들었다.

YONSEI KOREAN READING 3

내용 이해

1. 글을 읽고 청바지의 탄생 과정을 순서대로 (가)~(바)를 쓰십시오.

> (가) 황금을 캐려고 사람들이 많이 몰려들어서 잠잘 곳이 부족했다.
> (나) 스트라우스는 천막 천을 팔아서 돈을 많이 벌었다.
> (다) 군대에서 스트라우스에게 10만 개의 천막 천을 주문했다.
> (라) 염색하는 직원의 실수로 주문받은 천막 천을 모두 파란색으로 염색했다.
> (마) 파란색 바지는 큰 인기를 얻어서 블루진이라는 이름으로 시장에 나왔다.
> (바) 바지가 쉽게 해진다는 광부들의 불평을 듣고 천막 천으로 바지를 만들었다.

(가) → (　　) → (　　) → (　　) → (　　) → (　　)

2. 스트라우스에 대한 설명으로 맞는 것은 무엇입니까? (　　)

❶ 그는 숙박 시설을 만들어서 큰돈을 벌었다.
❷ 샌프란시스코에서 천막 천을 만들어 팔았다.
❸ 천막 천으로 새로운 것을 만들기 위해 고민했다.
❹ 어려운 광부들을 돕기 위해 천막 천으로 옷을 만들었다.

3. 이 글에 대한 설명으로 맞지 <u>않는</u> 것은 무엇입니까? (　　)

❶ 황금을 캐러 온 사람들로 묵을 곳이 부족했다.
❷ 미국 군대에서는 파란색 천막을 사용하지 않는다.
❸ 스트라우스의 실수로 10만 개의 천을 파란색으로 염색했다.
❹ 제일 처음 만들어진 청바지는 광부들을 위해 만든 옷이었다.

4. 이 글에서 마지막 단락의 '생각의 전환'이 의미하는 것은 무엇입니까? (　　)

❶ 블루진을 시장에 내 놓은 것
❷ 파랗게 염색된 천막 천으로 옷을 만든 것
❸ 광부들의 잠잘 곳을 위해 천막 천을 만든 것
❹ 군대에서 사용하는 천막 천을 새로운 색깔인 파란색으로 염색한 것

5. 이 글의 내용과 같으면 ○, 다르면 × 하십시오.

1) 실수는 좋은 결과를 가져오기도 한다. ( )

2) 청바지는 다른 옷보다 질기고 튼튼했다. ( )

3) 스트라우스는 황금을 캐서 큰돈을 벌었다. ( )

4) 염색하는 직원의 실수로 스트라우스는 하루 만에 돈을 모두 잃었다. ( )

더 생각해 봅시다

1. 다음은 문화 차이로 생긴 실수 이야기입니다. 다음을 읽고 여러분이 실수한 경험을 이야기해 보십시오.

> 얼마 전 친구 집들이 때 있었던 일이다. 그 친구는 중국 사람이고, 어학당 반 친구이다. 우리는 서로 문화는 달랐지만 취미와 생각이 비슷해서 쉽게 친해졌고, 지금은 나의 가장 친한 친구이다. 그런 친구가 집들이에 초대를 해서 나는 가능하면 좋은 선물을 주고 싶었다. 그래서 조금 비싸지만 '벽시계'를 주기로 했다.
>
> 집들이 날, 난 선물을 들고 집들이 장소에 갔다. 친구가 선물을 받고서 기뻐할 거라고 생각했다. 하지만 친구의 반응은 생각보다 좋지 않았다. 내가 준 선물을 열어 본 친구는 조금 놀란 표정을 지었다. 곧 나를 보며 고맙다며 웃긴 했지만, 왠지 좋아하지 않는 것 같아서 나는 조금 서운하기까지 했다.
>
> 왜 친구가 그 선물을 별로 안 좋아했는지는 나중에서야 알게 되었다. 중국에서는 그날 내가 준비한 '벽시계'와 같이 추가 달린 시계는 선물하지 않는다고 한다. 왜냐하면 중국어로 '추가 달린 벽시계'의 발음이 '죽다'의 발음과 비슷하기 때문이라고 한다. 비록 실수를 하기는 했지만, 그래도 실수를 통해 새로운 것을 알게 되어 좋은 경험이었다고 생각한다.

03 노란 손수건

1. 나무에 노란색 손수건을 매달아 놓는 것은 무엇을 의미할까요?

2. 나라마다 색깔이 가지는 의미가 다릅니다. 다음 색깔들은 여러분 나라에서 어떤 의미를 가지고 있습니까?

색	상징하는 것	
	한국	
흰색	죽음, 순수	
빨간색	열정, 적극성	
초록색	평화	
검정색	법, 죽음	
파란색	젊음	
노란색	안전, 경고	

CD: 21

플로리다행 버스 정류장은 언제나 사람들이 많았다. 젊은 남녀 세 쌍[1]이 와인과 샌드위치가 가득 담긴 가방을 들고 버스에 올랐다. 플로리다 해변으로 가는 버스였다. 승객이 모두 타니까 버스는 **뉴욕** 거리를 떠나서 달리기 시작했다. 젊은이들은 여행에 대한 기대로 쉴 새 없이 웃고 떠들었다.

젊은 남녀들의 앞자리에는 조용히 앞만 보고 있는 한 남자가 있었다. 남자는 계속 표정[2] 없는 얼굴로 입을 다물고[3] 있었다. 시간이 지나면서 젊은 남녀들은 이 조용한 남자에 대해 궁금해지기 시작했다. 뭐 하는 사람일까? 아내와 싸우고 나왔을까? 고향으로 돌아가는 군인[4]일까?

젊은이들 중의 용감한 한 여자가 그 옆으로 갔다.

"와인 좀 드시겠어요?"

그녀는 그의 대답을 기다리지도 않고 한 잔을 따라[5] 주었다.

"고맙습니다."

그는 살짝 미소를 지어 보였다. 그러나 그것도 잠깐, 그는 다시 조용해졌다.

"저는 플로리다는 처음인데 아주 멋지다면서요[6]? 아저씨는 어디로 가세요?"

그는 말없이 와인을 조금 마셨다. 그리고 잠시 창밖을 보다가 천천히 말을 하기 시작했다.

"저는 지난 4년 동안 뉴욕의 감옥[7]에 있었어요. 며칠 전에 석방[8]이 돼서 집으로 돌아가는 길입니다."

"그러셨군요. 결혼은 하셨나요?"

"잘 모르겠어요."

"잘 모르시다니요?"

- **플로리다 (Florida)** : 미국 남동쪽 끝에 있는 주 | Florida(a south-eastern state in the USA) | フロリダ | 佛罗里达(位于美国最东南部的州)
- **뉴욕 (New York)** : 미국 동쪽에 있는 주 | New York(an eastern state in the USA) | ニューヨーク | 纽约(位于美国东部的州)

1) 쌍	couple	組、カップル	对
2) 표정	facial expression	表情	表情
3) 입을 다물다	to shut one's mouth	口をつぐむ	闭嘴
4) 군인	soldier(person in military service)	軍人	军人
5) 따르다	to pour (a drink)	つぐ	倒 (液体)
6) 멋지다	lovely, fabulous	素敵だ	有看头
7) 감옥	prison	監獄	监狱
8) 석방	release, discharge	釈放	释放

"형무소에 있는 동안 아내에게 편지를 보냈어요."

그는 잠시 말을 멈추고 긴 한숨을 쉬었다[9].

"제 아내는 참 좋은 여자예요. 저는 아내에게 아이들 때문에 혼자 사는 것이 힘들면 나를 잊으라고 했어요. 그리고 나는 이해할 수 있으니까 재혼[10]을 해도 좋다고 했어요. 그 뒤로 아내한테서 편지가 오지 않았어요. 3년 반 동안이나요."

"그럼, 지금 아무것도 모르면서 댁으로 돌아가시는 길이에요? 무슨 일이 있었는지도 모르고서요?"

그는 가만히 고개를 끄덕였다[11].

"사실은 지난주에 석방이 결정되었을 때 아내에게 편지를 썼어요. 아내와 함께 살던 **부르스위크**에는 마을 입구에 커다란 참나무[12]가 있는데, 만약 나를 용서할[13] 마음이 있다면 그 참나무에 노란 손수건을 매달아[14] 놓으라고 했어요. 노란 손수건이 나무에 걸려 있으면 나는 버스에서 내려서 집으로 갈 것이고, 손수건이 없으면 재혼을 했거나 나를 용서할 마음이 없는 것으로 알고 모든 것을 잊겠다고 했어요."

"노란 손수건이 매달려 있지 않으면 어디로 가실 거예요?"

"버스에서 내리지 않고 그냥 어디든지 갈 생각입니다."

여자는 더 이상 아무 말도 할 수 없었다.

어느 순간부터 버스 안에 있던 모든 사람들이 그 남자의 이야기를 듣고 있었다. 그는 오래된 사진 한 장을 보여 주었다. 사진 속에는 예쁘고 착해 보이는 부인과 세 자녀[15]가 환하게 웃고 있었다.

버스 안의 사람들은 그의 일을 마치 자신들의 일처럼 브르스위크가

• **브르스위크 (Brunswick)** : 미국 뉴저지 주에 있는 도시 이름 | Brunswick(A city in the state of New Jersey) | ブランズウィック(アメリカのニュージャージー州にある都市) | 布朗斯维克(位于美国新泽西州的城市)

9) 한숨을 쉬다	to give a sigh	ため息をつく	叹气
10) 재혼	remarriage	再婚	再婚
11) 고개를 끄덕이다	to need one's head	うなずく	点头
12) 참나무	oak tree	クヌギなど、ブナ科に属する木	橡子树
13) 용서하다	to forgive	許す	原谅
14) 매달다	to suspend, hang (up)	つるす	系
15) 자녀	children; sons and daughters	子供	子女

가까워지기를 기다렸다. '브른스위크 20마일'이라는 표지판[16]이 나타났다. 20마일, 15마일, 10마일. 브른스위크가 가까워질수록 버스는 긴장과 설렘으로 가득 찼다. 하지만 그 남자는 흥분하지도 않고, 창밖을 보지도 않았다. 그러나 그의 얼굴에 긴장감이 보였다.

그 때였다. 갑자기 사람들이 소리를 지르며[17] 자리에서 일어났다. 모두 박수를 치며 기뻐했다. 침묵을 지키고[18] 있는 사람은 오직[19] 그 남자 한 사람뿐이었다. 그는 창문 밖으로 멀리 보이는 참나무만을 말없이 쳐다보고[20] 있었다. 믿을 수 없다는 듯이. 마을 입구의 그 참나무는 온통[21] 노란 손수건으로 덮여 있었다. 20개, 30개, 아니 수백 개의 노란 손수건이 그를 환영하는 노란 깃발[22]처럼 바람에 날리고 있었다.

젊은이들이 기뻐하며 환호하는[23] 동안 그 남자는 자리에서 일어났다. 그리고 버스 앞문 쪽을 향해 천천히 걸어 나갔다.

16) 표지판	sign	標識	标志牌
17) 소리를 지르다	to shout, cry out	声を上げる	呼喊
18) 침묵을 지키다	to remain silent	沈黙を守る	保持沉默
19) 오직	only, solely	ただ	唯独
20) 쳐다보다	to stare, gaze (at)	見つめる	凝望
21) 온통	all, entirely	すべて	整个儿
22) 깃발	flag	旗	旗帜
23) 환호하다	to cheer, shout for joy	歓呼の声をあげる	欢呼

어휘 연습

1. 〈보기〉에서 알맞은 말을 골라 (　　　　)에 쓰십시오.

[보기]
따르다　　쳐다보다　　입을 다물다　　한숨을 쉬다　　고개를 끄덕이다

1) 할아버지께 따뜻한 차 한 잔을 (　　　　　　)어/아/여 드렸다.
2) 그는 화가 많이 났는지 아까부터 말없이 (　　　　　　)고 있었다.
3) 내일이 시험인데 준비를 충분히 하지 못해서 자꾸 (　　　　　　)게 된다.
4) 끝날 시간이 다 되었는지 학생들이 자꾸 시계를 (　　　　　　)는다/ㄴ다/다.
5) 친구에게 같이 점심을 먹자고 하니까 알았다고 (　　　　　　)었다/았다/였다.

2. 단어의 관계가 <u>다른</u> 하나를 고르십시오. (　　　　)

❶ 잊다/ 기억하다　　❷ 떨리다/ 긴장하다
❸ 멀어지다/ 가까워지다　　❹ 입을 열다/ 입을 다물다

3. 다음 글의 내용에 맞게 〈보기〉에서 알맞은 말을 골라 (　　　　)에 쓰십시오.

[보기]
석방　　표정　　매달다　　용서하다　　환호하다　　침묵을 지키다

버스 안의 한 남자는 조용히 (　　　　　　)고 있었다. 그의 (　　　　　　)은/는 뭔가 걱정이 있는 듯 했다. 한 여자가 그에게 가서 말을 걸었다. 그는 천천히 그의 이야기를 시작했다. 그는 형무소에서 4년을 살았고 며칠 전에 (　　　　　　)이/가 되어 집으로 돌아가는 길이라고 했다. 참나무에 아내가 노란 손수건을 (　　　　　　)어/아/여 놓으면 그는 버스에서 내릴 것이라고 했다. 왜냐하면 그것은 아내가 그를 (　　　　　　)었다는/았다는/였다는 뜻이기 때문이다. 버스가 브른스위크에 가까워질수록 사람들은 점점 더 긴장했다. 갑자기 버스 안의 사람들이 박수를 치며 (　　　　　　)기 시작했다. 참나무가 수백 개의 노란 손수건으로 덮여 있었다. 그는 천천히 버스에서 내렸다.

내용 이해

1. 이 글을 읽고 먼저 일어난 순서대로 (가)~(바)를 쓰십시오.

(가) 그는 죄를 지어서 감옥에 갔다.

(나) 그는 석방이 되어 형무소에서 나왔다.

(다) 그는 여자에게 자신의 이야기를 해 주었다.

(라) 그는 브른스위크로 가는 버스에서 젊은이들을 만났다.

(마) 그는 감옥에 4년 동안 있으면서 아내에게 편지를 썼다.

(바) 그는 노란 손수건을 보고 천천히 버스에서 내렸다.

(가) → ( ) → ( ) → ( ) → ( ) → (바)

2. 그에 대한 설명으로 맞는 것은 무엇입니까? ( )

❶ 아내의 용서를 바랐다.

❷ 4년 동안 뉴욕에서 일을 했다.

❸ 버스 안에서 젊은이들에게 먼저 말을 걸었다.

❹ 노란 손수건이 없어도 아내를 만나러 갈 것이다.

3. 그의 마음을 표현하는 단어가 <u>아닌</u> 것은 무엇입니까? ( )

❶ 복잡하다. ❷ 초조하다.

❸ 느긋하다. ❹ 걱정스럽다.

4. 그의 아내에 대한 설명이 <u>아닌</u> 것은 무엇입니까? ( )

❶ 그를 용서했다.

❷ 재혼을 하지 않았다.

❸ 그에게 쭉 편지를 썼다.

❹ 브른스위크에 살고 있다.

5. 이 글의 내용과 같으면 ○, 다르면 × 하십시오.

1) 그에게는 자식이 없다. ( )

2) 그는 끝까지 버스에서 내리지 않았다. ( )

3) 그는 아내와 싸워서 오랫동안 떨어져 있었다. ( )

4) 참나무에는 노란 손수건이 많이 매달려 있었다. ( )

더 생각해 봅시다

1. 다음은 '용서' 에 대한 글입니다. 이 글을 읽고 용서란 무엇인지 한 문장으로 쓰십시오.

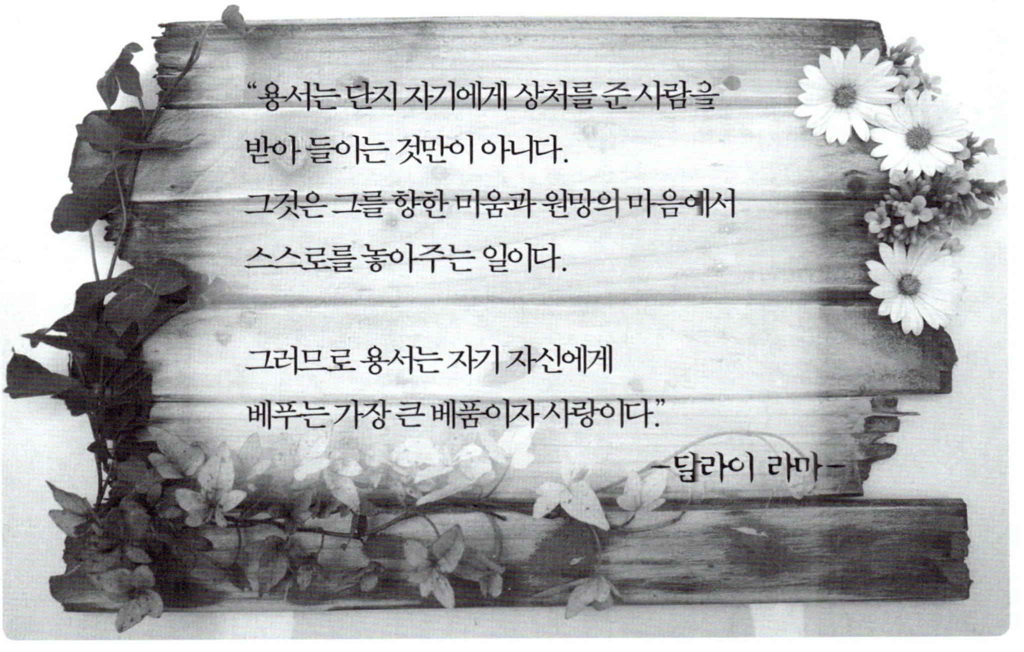

용서란 ______________________________

제8과

학교 생활

01 존경하는 선생님께

02 기적을 만든 선생님

03 서당 풍경

01 존경하는 선생님께

1. 편지를 쓸 때 들어가야 할 말에는 어떤 것들이 있습니까?

2. 여러분에게는 기억에 남는 선생님이 계십니까?

존경하는 선생님께

아침저녁으로 날씨가 꽤 쌀쌀해졌어요. 선생님, 안녕하셨어요? 환절기에 선생님 건강은 어떠신지요? 그 동안 자주 연락을 드리지 못해서 죄송해요.

저는 바쁘지만 잘 지내고 있답니다. 저는 아르바이트를 하면서 열심히 공부해서 이번 학기에도 장학금을 받았어요. 너무 힘들었지만 부모님 도움을 받지 않고 제 힘으로 용돈[1]도 벌고 공부할 수 있어서 보람을 느꼈어요.

선생님, 국어 시간에 자기의 꿈을 발표하라고 시키셨던 기억하세요? 다른 친구들은 자신 있게 자기의 꿈을 말했는데 저는 그 때 "저는 꿈이 없어요. 잘 할 수 있는 것도 없고요."라고 작은 소리로 말하고 제 자리에 앉아 버렸지요. 선생님께서는 우리 발표를 다 들으시고는 이렇게 말씀하셨어요. "이름 없는 들꽃도 다 각각[2] 향기가 있는 것처럼 너희들에게도 다 자기만이 가지고 있는 재능[3]이 있다. 그것을 찾아 포기하지[4] 말고 꿈을 이뤄라[5]." 그때까지 저는 목표[6]도 꿈도 없었고 공부를 왜 해야 하는지도 몰랐어요. '남[7]들이 공부하니까 나도 공부해야 되는가 보다' 하고 그렇게 살았지요. 선생님의 말씀을 듣고 '나도 잘 할 수 있는 게 있을까? 나의 재능은 뭘까?' 곰곰이[8] 생각해 봤어요. 여러 날 고민하다가 우연히[9] 아프리카에서 평생[10]을 봉사하면서 살아온 의사의 책을 읽고 그런 삶도 멋지다고 생각했어요. 그리고 저도 남을 도와주는 일을 해야겠다고 마음을 먹었어요. 그렇게 제 인생의 방향을 정하게 되었지요. 선생님의 말씀은 제게 희망[11]을 주었고 꿈을 주었어요. 그리고 그 결과 지금은 이렇게 대학에서 사회복지학[12]을 전공하게 되었고요. 제가 이렇게 제 꿈을 가지고 열심히 살게 된

1) 용돈	pocket money	小遣い	零用钱
2) 각각	each; respectively	それぞれ	各自
3) 재능	talent, ability	才能	才能
4) 포기하다	to give up, abandon	あきらめる	放弃
5) 꿈을 이루다	to realize one's dream	夢をかなえる	实现梦想
6) 목표	goal	目標	目标
7) 남	others; other people	他人	别人
8) 곰곰이	carefully, deeply	じっくりと	深思
9) 우연히	by chance; accidentally	偶然	偶然地
10) 평생	lifetime; one's entire life	一生	终生
11) 희망	hope	希望	希望
12) 사회복지학	study of social welfare	社会福祉学	社会福利学

것은 다 선생님 덕분이에요.

참, 선생님 기쁜 소식이 하나 있어요. 내년에 저는 교환학생으로 1년 동안 미국에 유학을 가게 되었어요. 어렵게 얻은 기회니까 더 열심히 공부해 보려고 합니다.

다음 달 중순[13] 쯤이면 시험이 끝나고 조금 여유가 생길 것 같아요. 그 때 시간을 내서 꼭 한 번 찾아뵙고 인사드릴게요. 선생님, 그럼 늘 건강하게 지내시고 안녕히 계세요.

2009년 10월 11일

제자 김진영 올림

---

13) 중순 | the middle ten days of a month | 中旬 | 中旬

어휘 연습

1. 〈보기〉에서 알맞은 말을 골라 ( )에 쓰십시오.

[보기]

각각 용돈 희망 우연히 이루다

1) 열심히 노력하면 꿈은 ( )어진다/아진다/여진다.

2) ( )을/를 모아서 아버지 생신 선물을 사 드렸다.

3) 어제 백화점에서 ( ) 고등학교 동창을 만났다.

4) 우리 형제들은 얼굴은 비슷한데 성격은 ( ) 다르다.

5) 그 아이의 ( )은/는 세계적인 오페라 가수가 되는 것이다.

2. 서로 관계가 있는 단어를 연결하십시오.

꼭 •	• 다르다
각각 •	• 지키다
곰곰이 •	• 만나다
우연히 •	• 생각하다

3. 다음 글의 내용에 맞게 〈보기〉에서 알맞은 말을 골라 ( )에 쓰십시오.

[보기]

목표 재능 평생 사회복지학 곰곰이 포기하다

제게는 잊을 수 없는 선생님이 한 분 계세요. 그 분은 중학교 때 국어 선생님이셨어요. 선생님은 꿈에 대한 발표 후에 이런 말씀을 하셨어요. "들에 핀 들꽃도 다 각각 향기가 있는 것처럼 너희들 모두에게는 자기만이 가지고 있는 ( )이/가 있다. 그것을 찾아 ( )지 말고 꿈을 이뤄라." 그 말씀은 그때까지 무엇이 되고 싶다는 ( )이/가 없던 제게 희망을 주었어요. 그날부터 저는 '내가 잘 할 수 있는 일은 뭘까, 내 재능은 뭘까?' ( ) 생각하며 고민했어요. 그러다가 우연히 ( ) 봉사의 삶을 산 의사의 책을 읽고 저도 남을 돕는 일을 하기로 결심했어요. 그래서 지금은 대학에서 ( )을/를 전공하고 있어요.

내용 이해

1. 편지는 보통 다음과 같은 순서로 씁니다. 다음에 해당하는 부분의 첫 단어를 쓰십시오.

받는 사람	
인사	
보내는 사람의 안부	
내용	
끝인사	
날짜	
보낸 사람	

2. 진영이에 대한 설명으로 맞는 것은 무엇입니까? (　　　　)

❶ 중학교 때부터 남을 돕기 시작했다.

❷ 전공으로 사회복지학을 공부하고 있다.

❸ 지금 아르바이트를 하며 대학원에 다닌다.

❹ 이번 학기에 교환학생으로 미국 유학을 갈 것이다.

3. 선생님의 말씀이 <u>아닌</u> 것은 무엇입니까? (　　　　)

❶ 자기의 재능을 찾아 꿈을 이뤄라.

❷ 들에 핀 들꽃도 각각의 향기가 있다.

❸ 너희들에게도 자기만의 재능이 있다.

❹ 열심히 공부해야 훌륭한 사람이 될 수 있다.

4. 진영이의 앞으로의 계획은 무엇입니까? (　　　　)

❶ 이번 달에 중학교 때 선생님을 찾아뵙는다.

❷ 아르바이트를 해서 다음 학기 등록금을 번다.

❸ 시험공부를 열심히 해서 교환학생으로 뽑힌다.

❹ 미국 유학을 가서 일 년 동안 공부하고 돌아온다.

5. 이 글의 내용과 같으면 ○, 다르면 × 하십시오.

1) 진영이는 선생님께 자주 연락을 드리는 편이다. (   )

2) 선생님의 말씀은 진영이에게 꿈과 희망을 주었다. (   )

3) 선생님은 아이들에게 봉사의 중요성을 알려주셨다. (   )

4) 진영이는 아르바이트때문에 바빠서 시험을 잘 못 봤다. (   )

더 생각해 봅시다

1. 편지 쓰는 법에 맞게 선생님께 편지를 써 봅시다.

02 기적을 만든 선생님

1. 훌륭한 선생님의 조건은 무엇일까요?

2. 여러분에게 큰 영향을 준 선생님이 있습니까?

CD: 23

헬렌 켈러는 눈도 보이지 않고 귀도 들리지 않았다. 하지만 그녀는 이러한 장애를 이겨냈다. 그녀는 말하는 방법을 배워서 세계 여러 곳을 다니며 강연[1]을 했다. 자신과 같은 사람들에게 희망의 메시지를 전해 주며 좋은 일들을 많이 했다. 그리고 누구보다도 열심히 공부해서 명문[2] 대학을 졸업했다. 그래서 사람들은 헬렌 켈러를 장애를 극복한[3] 훌륭한 사람으로, 그리고 장애인들을 위해서 열심히 봉사한 사람으로 기억한다. 그러나 그녀 뒤에 그녀를 48년 동안 열정과 사랑으로 가르쳐 준 선생님이 있었다는 사실은 잘 모른다. 헬렌 켈러에게 읽고 쓰는 법을 가르쳐 주고, 무엇보다도 큰 사랑을 가르쳐 준 사람은 바로 그녀의 선생님, **앤 맨스필드 설리반**이었다.

설리반은 훌륭한 제자를 키운 선생님이었지만 그녀 역시[4] 불행한[5] 어린 시절[6]을 보냈다. 설리반의 어머니는 그녀가 어렸을 때 돌아가셨고 늘 술에 취해[7] 지내던 아버지는 그녀를 버렸다. 그녀에게는 남동생이 한 명 있었는데 몸이 아파 어린 나이에 죽었다. 그 후 그녀는 눈병이 심해져서 실명[8]을 했으며, 두 번이나 자살하려고[9] 했다. 그 때 정신병원[10]의 한 나이 많은 간호사가 설리반 마음의 상처를 치료해 주었다. 어두웠던 설리반은 변함없는 간호사의 사랑으로 마음의 문을 조금씩 열게 되었고 '사랑을 받는다'는 것의 기쁨도 알게 되었다. 2년 동안 병원에 있었던 설리반은 몸과 마음이 좋아져서 파킨스 장애학교에 들어가게 되었고 열심히 공부하여 1등으로 학교를 졸업했다. 그리고 운 좋게도 한 신문사의

- **헬렌 켈러**(Hellen Keller, 1880~1968): 미국의 사회사업가. | Helen Keller an American social worker) | ヘレンケラー(アメリカの社会事業家) | 海伦·凯勒(美国的社会事业家)
- **앤 맨스필드 설리반**(Ann Mansfiled Sulivan, 1866~1936) : 헬렌 켈러를 가르친 선생님. | Sullivan(Anne American educator) | サリバンヘレンケニーの先生 | 苏利文(美国的教育家)

1) 강연	speech	講演	演讲
2) 명문	prestigious	名門	名牌
3) 극복하다	to overcome, surmount	克服する	克服
4) 역시	also; just like the rest	やはり	也是
5) 불행하다	unfortunate, unlucky	不幸だ	不幸
6) 시절	days; years	時	岁月
7) 취하다	to get drunk, intoxicated	酔ク	醉
8) 실명	blindness	失明	失明
9) 자살하다	to commit suicide	自殺する	自杀
10) 정신병원	psychiatric hospital	精神病院	精神病院

도움으로 수술을 받아서 시력[11]을 회복하게[12] 되었다. 이 때 설리반은 자신이 받은 사랑을 도움을 필요로 하는 사람들에게 나누어 주기로 마음을 먹었다.

1887년 어느 날 설리반은 신문기사를 읽게 되었다. "보지도 못하고, 듣지도 못하고, 말하지도 못하는 여섯 살 아이가 있습니다. 이 아이의 가정교사를 찾습니다." 설리반은 이 기사를 읽고 그 불쌍한 아이의 선생님이 되기로 결심하고 곧장 기차를 탔다. 그 기사에 나왔던 아이가 바로 헬렌 켈러였다. 그녀는 어렸을 때 병을 앓고[13] 장님[14], 귀머거리[15], 벙어리[16]가 되었다. 설리반을 만나기 전 헬렌은 누구의 말도 듣지 않는 고집이 센 아이였다. 그러나 설리반의 따뜻한 말과 관심에 그녀는 조금씩 달라지기 시작했다.

설리반은 여러 장애를 가진 헬렌에게 세상을 보여 주고 들려주고 싶었지만 쉽지 않았다. 왜냐하면 헬렌을 가르칠 수 있는 방법은 손의 감각[17]을 이용하는 것 밖에 없었기 때문이다. 그래서 설리반은 여러 사물[18]들을 직접 만져보면서[19] 단어를 외우게 했다. 또 찰흙[20]으로 여러 가지 모양을 만들어 헬렌이 손으로 느끼면서 그녀가 볼 수 없는 것들을 상상하게 했다. 그런데 '사랑' 처럼 마음으로 느껴야 하는 단어는 설명하기가 어려웠다. 하지만 설리반은 포기하지 않고 헬렌이 쉽게 이해할 수 있는 방법을 찾았다. 설리반은 헬렌에게 비 때문에 메마른[21] 땅이 행복해지는 것처럼 사랑이란 그렇게 사람을 행복하게 해 주는 것이라고 설명해 주었다. 헬렌은 선생님 덕분에 세상의 사물들을 배울 수 있었고 또 자신의 생각을 누구보다도 잘 표현할 수 있었다.

헬렌 켈러는 세상의 장애인들에게 사랑을 전해 주었다. 그래서 사람들은 헬렌 켈러를 사랑을 전하는 '빛의 천사' 라고 불렀다. 하지만 이러한 기적을

11) 시력	vision, sight	視力	视力
12) 회복하다	to regain, recover	回復する	恢复
13) 앓다	to suffer (from); be ill (with)	患う	疼痛
14) 장님	blind person	視覚障がい者	盲人
15) 귀머거리	deaf person	聴覚障がい者	聋子
16) 벙어리	mute person	発話障がい者	哑巴
17) 감각	sensation, feeling	感覚	感觉
18) 사물	thing, object	物	物品
19) 만지다	to touch, feel	さわる	摸, 抚摸
20) 찰흙	clay	粘土	黏土
21) 메마르다	arid, parched	干上がっている	干旱

만든 사람은 그녀의 스승22) 설리반이었다. 그녀는 제자가 힘들 때마다 힘이 되어 주었다. 그리고 헬렌에게 실패23)나 어려움을 두려워하지 말고 실패를 통해 무엇인가를 배우라고 늘 말했다. 언제나 다시 시작할 수 있는 용기를 가진 사람, 실패를 통해 더 크게 되는 사람, 이것이 바로 설리반이 제자 헬렌 켈러에게 가르치려고 한 것이었다.

22) 스승	teacher, mentor	師	老师
23) 실패	failure	失敗	失败

어휘 연습

1. 〈보기〉에서 알맞은 말을 골라 (   )에 쓰십시오.

[보기]
메마르다　　불행하다　　실패하다　　회복하다　　마음을 열다

1) 돈이 없다고 해서 (   )고 말할 수는 없다.

2) 오랫동안 비가 오지 않아 땅이 (   )었다/았다/였다.

3) 좋은 친구를 사귀려면 (   )고 대화하는 것이 중요하다.

4) 여러 번 (   )어도/아도/여도 포기하지 않고 노력하는 것이 중요하다.

5) 사고로 시력을 잃었던 그는 다행히 수술을 받고 시력을 (   )게 되었다.

2. 단어의 관계가 <u>다른</u> 하나를 고르십시오. (   )

❶ 앓다 – 아프다　　❷ 낫다 – 회복하다

❸ 적시다 – 메마르다　　❹ 이겨내다 – 극복하다

3. 다음 글의 내용에 맞게 〈보기〉에서 알맞은 말을 골라 (   )에 쓰십시오.

[보기]
스승　　시절　　실명　　앓다　　만지다　　극복하다

설리반의 어린 (   )은/는 불행했다. 어머니도 일찍 돌아가셨고 아버지는 그녀를 버렸다. 마음의 상처를 받은 그녀는 눈의 병이 심해져서 (   )을/를 하게 되었고 다른 사람에게 마음의 문도 열지 않았다. 그런 그녀가 한 간호사의 도움으로 어려움을 (   )고 장애를 가진 학생들을 가르치는 선생님이 되었다.

헬렌 켈러는 어렸을 때 심한 병을 (   )고 장애를 갖게 된 아이였다. 이런 그녀가 장애를 이겨내고 훌륭한 사람이 될 수 있었던 것은 그녀의 (   )인 앤 설리반 때문이었다. 설리반은 긴 시간 동안 그녀 옆에서 가르침을 주었다. 볼 수 없는 헬렌에게 여러 모양을 손으로 (   )어/아/여 보면서 사물을 알게 했고, 힘들어 할 때마다 그녀에게 실패를 극복할 수 있는 용기를 가르쳐 주었다.

내용 이해

1. 각 단락의 중심 내용을 연결하십시오.

첫 번째 단락 •	• 설리반과 헬렌의 관계
두 번째 단락 •	• 설리반과 헬렌의 만남
세 번째 단락 •	• 설리반의 교육에 대한 생각
네 번째 단락 •	• 설리반이 헬렌을 가르친 방법
다섯 번째 단락 •	• 설리반의 어린 시절

2. 설리반에 대한 설명으로 맞는 것은 무엇입니까? (　　　　)

❶ 학교의 소개로 헬렌을 가르치게 되었다.

❷ 부모님 덕분에 좋은 교육을 받을 수 있었다.

❸ 설리반은 정신병에 걸려 힘든 시간을 보낸 적이 있다.

❹ 간호사의 도움으로 눈 수술을 받고 볼 수 있게 되었다.

3. 설리반이 헬렌을 가르친 방법이 아닌 것은 무엇입니까? (　　　　)

❶ 직접 사물을 만져 보면서 느끼게 했다.

❷ 손에 감각을 이용하여 단어를 가르쳤다.

❸ 볼 수 없는 것들을 머릿속으로 상상하게 했다.

❹ 마음으로 느껴야 하는 단어는 경험을 통해 배우게 했다.

4. 이 글의 내용과 다른 것은 무엇입니까? (　　　　)

❶ 헬렌은 평생 보지도 듣지도 못했으며 말할 수도 없었다.

❷ 설리반은 실패 속에서도 뭔가 배울 것이 있다고 생각했다.

❸ 헬렌은 자신과 같이 장애를 가진 사람들을 위해 좋은 일을 많이 했다.

❹ 설리반은 간호사의 도움으로, 헬렌은 선생님의 도움으로 기적을 만들 수 있었다.

5. 이 글의 내용과 같으면 ○, 다르면 × 하십시오.

1) 헬렌은 시각장애인들의 눈을 뜨게 해 주었다. (　　　)

2) 헬렌은 강연을 다니면서 장애인들에게 희망을 주었다. (　　　)

3) 설리반이 헬렌에게 가르치려고 했던 것은 사랑과 열정이었다. (　　　)

4) 헬렌이 장애를 이겨낼 수 있었던 것은 설리반 선생님 덕분이었다. (　　　)

더 생각해 봅시다

1. 다음 글을 읽고 헬렌 켈러와 설리반이 서로에게 가졌던 마음에 대해 이야기해 봅시다.

만약 한 가지 소원을 들어준다면 나는 죽기 전에 꼭 3일 동안만 눈을 뜨고 보는 것을 빌 것이다. 만약 내가 눈을 뜨고 볼 수 있다면 나는 나의 눈을 뜨는 그 첫 순간, 나를 이만큼 가르쳐주고 교육을 시켜준 나의 선생님 앤 설리반을 찾아가겠다. 지금까지 내 손끝으로 만져서 알던 선생님의 모습을 몇 시간만이라도 천천히 보면서 내 마음 속 깊이 간직하고 싶다.

－헬렌 켈러, 「3일만 세상을 볼 수 있다면」 중에서

시작하고 실패하는 것을 계속하라.
실패할 때마다 무엇인가 얻을 것이다.
네가 원하는 것을 얻지 못해도 뭔가 의미 있는 것을 얻게 될 것이다.

시작하고 실패하는 것을 계속하라.
절대 포기하지 마라.
모든 가능성을 다 시도해 보았다고 생각하지 말고,
언제나 다시 시작하는 용기를 가져야 한다.

－앤 맨스필드 설리반

2. 선생님께서 여러분에게 늘 하셨던 말씀이 있습니까?

03 서당 풍경

1. 그림을 보고 옛날 서당의 모습은 어떠했을 지 이야기해 봅시다.

2. 여러분의 나라에서는 학교가 없었을 때 어떻게 교육을 했습니까?

CD: 24

서당[1]은 옛날에 우리나라 어디에서나 볼 수 있는 지금의 초등학교 같은 곳이었다. 서당에서는 지금의 선생님이라고 할 수 있는 훈장님[2]이 마을 아이들을 모아 놓고 글[3]을 가르쳤다. 그래서 글방이라고도 했다.

서당은 지금의 학교처럼 학생들이 많지 않았다. 그렇지만 학생들의 나이는 여섯, 일곱 살에서부터 스무 살 정도까지 다양했다. 학생들 중에는 부잣집 아이들도 있었고 가난한 집 아이들도 있었다. 양반[4]도 있었고 평민[5]도 있었다. 학생들은 나이와 신분[6]에 상관없이 같이 글을 읽었다. 그리고 숙제를 안 해 오거나 말썽을 피우면[7] 누구나 똑같이 훈장님한테서 벌[8]을 받았다.

서당에서는 글자 쓰기, 글 읽기와 글짓기[9] 등을 시켰다. 하지만 서당에서 글만 가르친 것은 아니었다. 물론 글을 많이 아는 것도 중요했지만 서당에서 무엇보다 중요하게 생각한 것은 예절이었다. 학생들은 『**명심보감**』이라는 책을 읽으며 삶의 지혜[10]와 예절을 배웠다. 이 책에는 착한 일을 하고, 욕심을 부리지 말고, 가족과 나라를 사랑하라는 내용이 들어 있다.

서당의 교육 방법은 지금의 학교와는 많이 달랐다. 훈장님이 먼저 큰 소리로 글을 읽으면 학생들이 따라서 읽었다. 학생들은 전날 배운 내용을 훈장님 앞에서 외워야 새로운 글을 배울 수 있었다. 어떤 날은 하루에 백 번씩 같은 글을 읽기도 했다. 그래서 서당에서는 날마다 글 읽는 소리가 크게 들렸다. 이런 서당의 공부 방법

- **명심보감** : 조선 시대 어린이들의 인격 수양을 위한 한문 교양서. | a precept for children during the Chosun era | 『明心寶鑑』(朝鮮時代に子供の人格修養のために使われた漢文養書) | 『明心宝鉴』(朝鲜时代为培养孩子养成良好人格的汉文教养书)

1) 서당	traditional Korean village schoolhouse	書堂(朝鮮時代に子供たちに漢文などを教えていた私塾)	書堂
2) 훈장님	traditional village school teacher	書堂で教える先生	训长 (書堂的老师)
3) 글	writing; letters	文字、学問	文章
4) 양반	traditional Korean nobility; aristocratic class	両班(高麗・朝鮮時代の特権階級)	两班 (官僚)
5) 평민	commoner, plebeian	平民	平民
6) 신분	status, ranking	身分	身份
7) 말썽을 피우다	to make trouble, cause trouble	問題を起こす	胡闹
8) 벌	punishment	罰	惩罚
9) 글짓기	composition; essay writing	作文	写文章
10) 지혜	wisdom	知恵	智慧

때문에 '서당 개 삼 년이면 풍월[11]을 읊는다[12]'는 속담이 생겼다. 개도 삼 년 동안 글 읽는 소리를 들으면 시를 지을 수 있다는 말이다. 이렇게 서당에서 소리를 내어 글을 읽게 한 데는 이유가 있다. 옛날 사람들은 입, 눈, 마음을 모두 이용하여 공부를 하면 더 잘 할 수 있다고 생각했기 때문이다.

책 한 권을 모두 다 배우면 책거리[13]를 했다. 이것은 훈장님께 고마움을 표현하고 친구들끼리 서로를 축하해 주는 잔치였다. 학생의 부모는 자식의 머릿속이 지혜로 가득[14] 차길[15] 바라는 마음으로 속을 가득 채운[16] 송편을 서당에 모인 사람들과 나누어 먹었다. 그리고 훈장님께는 감사의 마음을 전하기 위해 술과 음식을 대접했다.

지금도 서당이 있지만 예전 모습과는 많이 달라졌다. 요즘 부모 중에는 방학이 되면 한문[17] 공부도 하고 예절도 배우게 하려고 아이들을 서당에 보내는 사람도 있다. 훈장님은 평소에 학교에서 공부 때문에 가족과 보내는 시간이 길지 않은 학생들에게 기본[18] 예절을 가르친다. 학생들은 짧은 시간이지만 학교에서는 배우지 못한 한국의 전통문화와 조상[19]의 지혜를 배운다. 또 옛글을 읽으면서 전통의 소중함도 배울 수 있다. 그래서 오늘날 서당은 예절 교육을 하는 곳으로 사람들에게 새롭게 주목을 받고[20] 있다.

11) 풍월	verse, poetry	風月	风月 (指诗词歌赋等)
12) 읊다	to recite	詠む	吟咏
13) 책거리	celebration for completely learning a book	本を読破したことを記念してみなで遊ぶこと	册礼 (读完书后举行的仪式)
14) 가득	full, to capacity	いっぱい	满满地
15) 차다	to fill; become full (of)	満ちる	充满
16) 채우다	to pack, stuff (with)	詰める	灌满
17) 한문	Chinese character	漢文	汉文
18) 기본	basic, fundamental	基本	基本
19) 조상	ancestor	先祖	祖先
20) 주목을 받다	to receive attention, be noticed	注目される	受人瞩目

어휘 연습

1. 〈보기〉에서 알맞은 말을 골라 (   )에 쓰십시오.

[보기]
조상　　읊다　　차다　　주목을 받다　　말썽을 피우다

1) 휴지통이 가득 (   )었으니까/았으니까/였으니까 비워야 겠다.

2) 어렸을 때 (   )어서/아서/여서 어머니께 자주 혼이 났다.

3) 옛 조상들은 취미로 친구들끼리 모여서 시를 (   )었다/았다/였다.

4) 한국에서는 설날이나 추석 같은 명절 아침에 (   )께 차례를 지낸다.

5) 그 영화배우는 이번 영화로 부산 국제 영화제에서 큰 (   )았다/었다/였다.

2. 다음 단어 중 맞지 <u>않는</u> 것은 무엇입니까? (   )

❶ 고객님　　❷ 아내님　　❸ 훈장님　　❹ 주인님

3. 다음 글의 내용에 맞게 〈보기〉에서 알맞은 말을 골라 (   )에 쓰십시오.

[보기]
벌　　가득　　신분　　한문　　책거리　　훈장님

서당은 옛날의 초등학교 같은 곳으로 (   )이/가 학생들에게 글을 가르치는 곳이었다. 학생 수는 많지 않았지만 부잣집 아이, 가난한 집 아이뿐만 아니라 양반과 평민 등 (   )이/가 다른 학생들도 함께 모여서 공부했다. 학생들은 잘못을 하면 누구나 똑같이 (   )을/를 받았다. 서당에서는 예절교육을 중요하게 생각했다. 그리고 공부를 할 때에는 큰 소리를 너어서 글을 읽었다. 한 과정이 끝나면 (   )을/를 했는데 그 때 학생의 부모는 자식의 머릿속이 지혜로 (   ) 차길 바라는 마음으로 송편을 나누어 먹었다. 지금도 서당이 있지만 예전과는 다른 모습이다. 요즘 부모 중에는 방학이 되면 아이들을 서당에 보내서 (   ) 공부와 예절을 배우게 하는 사람도 있다.

내용 이해

1. 위의 글을 읽고 각 단락의 중심 내용을 간단하게 쓰십시오.

받는 사람	중심 내용
첫 번째 단락	옛날의 학교 서당
두 번째 단락	
세 번째 단락	
네 번째 단락	
다섯 번째 단락	
여섯 번째 단락	오늘날의 서당

2. 서당에서 공부했던 학생에 관한 설명으로 맞지 <u>않는</u> 것은 무엇입니까? (　　　　)

❶ 양반과 평민이 같이 공부했다.
❷ 나이가 달라도 같이 공부했다.
❸ 신분에 따라 공부하는 내용이 달랐다.
❹ 열 살이 안 된 어린 아이들도 공부할 수 있었다.

3. 명심보감의 내용이 <u>아닌</u> 것은 무엇입니까? (　　　　)

❶ 예절　　❷ 글쓰기　　❸ 삶의 지혜　　❹ 나라 사랑

4. 이 글의 내용과 맞는 것은 무엇입니까? (　　　　)

❶ 책거리는 서당을 졸업하는 행사였다.
❷ 요즘도 서당은 사라지지 않고 남아 있다.
❸ 그날 배운 내용은 그 날 시험을 보았다.
❹ 서당에서 제일 중요하게 생각한 것은 글 읽기였다.

5. 이 글의 내용과 같으면 ○, 다르면 × 하십시오.

1) 요즘에도 서당에 가는 아이들이 있다. (   )

2) 서당에서는 배운 내용을 모두 외우게 했다. (   )

3) 서당에서는 선생님을 훈장님이라고 불렀다. (   )

4) 서당에서 공부할 때 큰 소리를 내면 벌을 받았다. (   )

더 생각해 봅시다

1. 여러분 나라에서는 학생이 잘못을 하면 선생님한테서 어떤 벌을 받습니까?

지금은 학생들이 잘못을 해도 선생님한테서 매를 맞지 않습니다. 하지만 옛날 서당에서는 졸거나 공부를 열심히 하지 않는 학생들은 훈장님께 야단을 맞았습니다. 보통 종아리를 걷고 회초리를 맞았는데 이런 모습은 여러 책이나 그림에서 볼 수 있습니다. 옛날에는 훈장님을 부모님처럼 생각해서 잘못을 했을 때 훈장님께 매를 맞는 것은 당연하다고 생각했습니다.

제9과 부탁과 거절

01 어머니의 마지막 부탁

02 완곡한 거절

03 부탁하는 광고

01 어머니의 마지막 부탁

1. 이 글에서 엄마 청개구리는 죽기 전에 아들에게 마지막 부탁을 합니다. 무엇이었을까요?

2. 여러분 부모님의 마지막 부탁은 무엇일까요?

CD: 25

옛날 옛날에, 숲 속 시냇가[1]에 엄마 청개구리[2]와 아들 청개구리가 살았습니다. 아들 청개구리는 말썽만 부리는[3] 장난꾸러기[4]였고, 엄마가 무슨 일을 시키면 늘 반대로 해서 엄마를 속상하게 했습니다.

"아들아, 숲에는 들쥐[5]들이 다니니까 위험해. 오늘은 바람도 불고 날씨가 나쁘니까 밖에 나가지 마라."하고 엄마 청개구리가 말하면, "싫어, 나는 친구들과 밖에서 놀 거야."라고 말했습니다. 또 "아들아, 오늘은 노래 연습을 하자. 자, 따라해 봐. 개굴개굴 개굴개굴."하고 엄마가 노래를 부르면, "싫어 엄마, 난 내 마음대로 부를 거야. 굴개굴개 굴개굴개."라고 했습니다. 어느 비가 많이 오는 날, 엄마 청개구리는 아들에게 "물이 많은 곳에는 도마뱀[6]이 있으니까 가면 큰일 난다."라고 말했습니다. 이 말을 들은 아들 청개구리는 "싫어, 난 도마뱀 구경하러 갈 거야."하며 이번에도 엄마 말을 듣지 않고 도마뱀을 구경하러 나갔습니다.

언제나 반대로만 행동하는 아들 때문에 엄마 청개구리는 자나 깨나 걱정이 많았습니다. 결국 엄마 청개구리는 아들을 걱정하다가 병에 걸리고 말았습니다. 약을 먹어도 병이 낫지 않았습니다. 엄마 청개구리는 자신이 죽을 때가 가까이 온 것을 알고 아들 걱정으로 마음이 무거웠습니다[7]. 그래서 하루는 아들을 불렀습니다. 엄마는 죽은 뒤에 산에 묻히고 싶었습니다. 하지만 뭐든지 반대로만 하는 아들은 산에 묻어 달라고 하면 시냇가에 묻을 것 같았습니다. 그래서 엄마 청개구리는 아들에게 "내가 죽으면 산에 묻지 말고 시냇가에 묻어라."라는 유언[8]을 남기고 눈을 감았습니다[9].

엄마가 돌아가시자 아들 청개구리는 너무 슬펐습니다. 그동안 말을 듣지 않고 엄마 속을 썩였던[10] 자기의 잘못을 깨달았습니다[11]. 아들은 엄마의 마지막 부탁을

1) 시냇가	stream; creek	川辺	溪边
2) 청개구리	green frog	アオガエル	青蛙
3) 말썽을 부리다	to cause trouble	問題を起こす	胡闹
4) 장난꾸러기	prankster	いたずらっ子	淘气鬼
5) 들쥐	field mouse	野ネズミ	田鼠
6) 도마뱀	lizard	トカゲ	蜥蜴
7) 마음이 무겁다	to have a heavy heart	気が重い	心情沉重
8) 유언	one's last words	遺言	遗言
9) 눈을 감다	to shut one's eyes	目を閉じる、死ぬ	闭眼
10) 속을 썩이다	to worry (about) weigh on one's mind	心配をかける	使生气
11) 깨닫다	to become aware of; to find out (one's mistake)	悟る	领悟

꼭 들어 드리고 싶어서 엄마를 시냇가에 묻었습니다. 여름이 되니까 비가 많이 내렸습니다. 아들 청개구리는 시냇가에 있는 엄마의 무덤[12]이 떠내려갈까[13] 봐 걱정이 되었습니다. "엉엉, 엄마 제가 잘못 했어요. 엄마 무덤을 제가 지켜 드릴게요." 그래서 비가 오는 날이면 아들 청개구리는 엄마 청개구리 무덤 옆에서 '개굴개굴' 운다고 합니다.

12) 무덤	grave, tomb	墓	坟墓
13) 떠내려가다	to be washed away	流される	冲走

어휘 연습

1. 〈보기〉에서 알맞은 말을 골라 (　　　　)에 쓰십시오.

[보기]
깨닫다　　떠내려가다　　눈을 감다　　마음이 무겁다　　속을 썩이다

1) 회사에서 중요한 일을 맡게 되어서 (　　　　　　)는다/ㄴ다/다.

2) 건강을 잃고 나서 건강의 소중함을 (　　　　　　)었다/았다/였다.

3) 비가 많이 와서 나뭇가지가 물에 (　　　　　　)었어요/았어요/였어요.

4) 어렸을 때 공부는 하지 않고 말썽만 피워서 부모님의 (　　　　　　)었어요/았어요/였어요.

5) 우리 할아버지는 평생을 고생하셨지만 돌아가실 때는 편안하게 (　　　　　　)으셨다/셨다.

2. '치다'와 같이 쓸 수 <u>없는</u> 단어는 무엇입니까? (　　　　)

❶ 바둑　　❷ 박수　　❸ 시험　　❹ 장난

3. 다음 글의 내용에 맞게 〈보기〉에서 알맞은 말을 골라 (　　　　)에 쓰십시오.

[보기]
결국　　무덤　　유언　　시냇가　　마음대로　　말썽을 부리다

옛날 어느 숲 속에 엄마 청개구리와 아들 청개구리가 살았어요. 아들 청개구리는 늘 (　　　　　　)는/은/ㄴ 장난꾸러기였어요. 그리고 엄마가 하는 말을 듣지 않고 (　　　　　　) 행동했어요. 그래서 엄마 청개구리는 너무 속상했어요. 아들 때문에 걱정이 많았던 엄마 청개구리는 (　　　　　　) 병에 걸렸어요. 엄마는 아들에게 엄마가 죽으면 산에 묻지 말고 (　　　　　　)에 묻어달라고 (　　　　　　)을/를 남겼어요. 반대로만 하던 아들 청개구리는 자기의 잘못을 깨닫고 엄마의 마지막 부탁을 들어드렸어요. 그래서 아들 청개구리는 비가 오면 엄마 청개구리의 (　　　　　　)이/가 떠내려갈 것이 걱정이 되어서 개굴개굴 울어요.

내용 이해

1. 다음 그림을 보고 이야기를 요약해 보십시오.

1) 숲 속 시냇가에 엄마 청개구리와 아들 청개구리가 살았다.

2)

3)

4)

5)

2. 아들 청개구리의 행동이 아닌 것은 무엇입니까? (　　　)

❶ 친구들과 놀기　　❷ 도마뱀 구경하기

❸ 들쥐 잡으러 다니기　　❹ 노래 거꾸로 부르기

3. 죽기 전 엄마 청개구리의 마음으로 맞는 것은 무엇입니까? (　　　)

❶ 안타깝다　　❷ 흐뭇하다

❸ 후회스럽다　　❹ 만족스럽다

4. 아들 청개구리가 비가 오는 날 우는 이유는 무엇입니까? (　　　)

❶ 섭섭해서　　❷ 무서워서

❸ 그리워서　　❹ 걱정이 되어서

5. 이 글의 내용과 같으면 ○, 다르면 × 하십시오.

1) 엄마 청개구리는 산에 묻히고 싶어 했다. (　　　)

2) 엄마 청개구리는 아들 때문에 병에 걸렸다. (　　　)

3) 아들 청개구리는 엄마의 무덤이 떠내려가서 울었다. (　　　)

4) 아들 청개구리는 엄마의 유언에 따라 시냇가에 엄마를 묻었다. (　　　)

더 생각해 봅시다

1. 다음 이야기에서 아버지는 자식들에게 무엇을 남기고 싶어 했습니까?

옛날에 포도밭을 가진 부자가 있었습니다. 그에게는 아들이 세 명 있었는데 모두 게을렀습니다. 아버지는 이런 아들들에게 열심히 일하라고 했지만 아들들은 아버지의 말을 듣지 않았습니다. 어느 날 아버지는 아들들에게 보물을 포도밭에 묻었다고 유언을 남기고 돌아가셨습니다. 아들들은 포도밭에 가서 열심히 땅을 팠습니다. 서로 더 많은 보물을 갖기 위해서 날마다 열심히 땅을 팠습니다. 하지만 한 달, 두 달이 지나 여름이 되어도 보물을 찾을 수 없었습니다. 그 대신 포도밭에는 어느 해보다도 달고 맛있는 포도가 많이 열렸습니다. 그때야 아들들은 아버지가 그들에게 남긴 보물이 무엇인지 알게 되었습니다.

2. 여러분은 자식에게 무엇을 남기고 싶습니까?

02 완곡한[1] 거절

1. 사람들은 거절할 때 보통 어떤 말과 행동을 합니까?

2. 여러분은 거절할 때 자주 쓰는 방법이 있습니까?

1) 완곡하다	indirect, roundabout	婉曲だ	委婉

CD: 26

우리들은 살면서 거절을 해야 하는 경우가 많지만 거절하는 것은 쉽지 않다. 거절을 잘 하지 못하는 이유는 마음이 약해서거나 부탁한 사람과 사이가 나빠질 것을 걱정하기 때문이다. 그래서 누구나 한 번쯤은 거절을 하지 못해서 곤란했던 경험을 가지고 있을 것이다. 사람들은 대부분 행동이나 말로 거절을 한다. 고개를 젓거나[2] 곤란하다는[3] 표정을 지어 상대방[4]의 부탁을 거절할 때도 있다. 하지만 직접적인 말이나 행동으로 거절을 하는 것 대신 상대방의 기분이 상하지[5] 않도록 재치[6] 있게 간접적[7]으로 거절할 수 있는 방법을 선택하는 것이 좋다.

거절을 할 때에는 조금 유머[8]를 섞어서[9] 말하는 것도 좋은 방법이다. 아름다운 한 여자 무용가[10]가 한 천재[11] 작가[12]를 사랑했다. 그녀는 그에게 당신의 뛰어난 머리와 나의 아름다운 외모를 닮은 아이가 태어나면 멋지지 않겠냐고 말하며 청혼[13]을 했다. 그 말을 들은 작가는 나의 외모와 당신의 머리를 닮은 아이가 태어나면 어떻게 하겠냐며 그녀의 청혼을 거절했다. 아마 그녀는 이 말을 듣고 웃지 않았을까? 이 한마디 말은 다른 핑계를 대는[14] 것보다 재치있으면서 확실한[15] 거절이었다.

욕심이 많고 마음씨[16]가 나쁜 부자가 있었다. 어느 날, 그는 소를 잘 그리는 화가가 있다는 얘기를 듣고 그를 찾아갔다. 부자는 화가에게 '들에서 풀을 먹는 소' 그림을 한 장 그려달라고 했다. 화가는 마음씨 나쁜 부자에게는 그림을 그려

2) 고개를 젓다	to shake one's head	(拒絶の意味で)首を横に振る	摇头
3) 곤란하다	to be in a difficult situation	困る	为难
4) 상대방	the other party	相手	对方
5) 기분이 상하다	to have one's feelings hurt; take offense (at)	気分を害する	伤心
6) 재치	wit, tact, sense	機転	才华
7) 간접적	indirect	間接的	间接的
8) 유머	humor	ユーモア	幽默
9) 섞다	to mix	混ぜる	混合
10) 무용가	dancer	舞踊家	舞蹈家
11) 천재	genius	天才	天才
12) 작가	writer	作家	作家
13) 청혼	proposal of marriage	プロポーズ	求婚
14) 핑계를 대다	to give an excuse	言い訳をする	找借口
15) 확실하다	definite, certain	確実だ	明确
16) 마음씨	(one's) nature, disposition	心がけ	心地

주고 싶지 않았다. 하지만 부자가 그림을 그려 달라고 계속 화가를 괴롭혔기[17)] 때문에 화가는 할 수 없이 알겠다고 말했다. 며칠 후 화가는 부자에게 그림을 보여주었다. 기다리던 그림을 받은 부자는 너무나 기뻐하며 그림을 봤다. 그러나 거기에는 '들에서 풀을 먹는 소'라는 제목만 쓰여 있었다. 부자는 화가 나서 바로 화가에게 이 그림에 들이 어디에 있냐고 물었다. 그러자 화가는 소가 풀을 다 먹어버렸다고 대답했다. 그렇다면 소는 어디에 있냐고 물었다. 그러자 화가는 풀을 다 먹었기 때문에 소는 다른 곳으로 가 버렸다고 대답했다.

지금으로부터 600여 년 전에 **고려**의 장군이었던 **이성계**는 고려를 뒤엎고[18)] 새로운 나라를 세우기 위해서 힘을 키우고 있었다. 그는 고려의 존경받는 학자[19)]였던 **정몽주**를 자기 사람으로 만들고 싶었다. 이성계의 다섯째 아들 **이방원**은 아버지의 뜻을 알고 정몽주를 불렀다. 그는 정몽주에게 자신이 지은 '하여가'라는 시를 한 편[20)] 들려 주었다. 그 시의 내용은 고려를 뒤엎고 새로운 나라를 세우려고 하는 자신들과 뜻을 같이 하는 게 어떻겠냐고 묻는 것이었다. 이런 이방원에게 정몽주는 '단심가'라는 시를 지어서 대답했다. 이 시는 내가 죽고, 다시 태어나서 또 죽고, 그렇게 백 번을 죽어도, 자신은 한 마음으로 한 사람만을 생각하겠다는 내용이었다. 이 말은 끝까지 고려의 왕에게 충성[21)]을 다하겠다는 뜻이었다.

부탁하는 사람을 마주 보고 직접 거절의 말을 하기는 쉽지 않다. 그렇기 때문에 많은 사람들이 거절을 하지 못해서 고민을 한다. 그러나 거절을 해야

- **고려** : 왕건(王建)이 신라 말에 분열된 한반도를 다시 통일하여 세운 왕조(918~1392) | (Corea: 918–1392): a unified dynasty founded by Keon Wang | 高麗(王建が新羅末' 分裂していた朝鮮半島をふたたび統一し建てた王朝 918~1392) | 高丽(王建在新罗末期统一了分裂的韩半岛以后建立的王朝 (918~1392))
- **이성계** : 조선의 제1대 왕 | the first king of Chosun | 李成桂(朝鮮の初代王) | 李成桂(朝鲜的第一代王)
- **정몽주** : 고려 말기 문신 겸 학자. | a scholar of the Corea dynasty | 鄭夢周(高麗末期の文官兼学者) | 郑梦周(高丽末期的文臣, 学者)
- **이방원** : 조선의 제3대 왕 | the third king of Chosun | 李芳遠(朝鮮の第三代王) | 李芳远(朝鲜的第三代王)

17) 괴롭히다	to torment, harass	わずらわす	为难
18) 뒤엎다	to overthrow, overturn	ひっくり返す	推翻
19) 학자	scholar	学者	学者
20) 편	a piece (of poetry; an essay)	編(詩を数えるときの単位)	篇
21) 충성	loyalty, allegiance	忠誠	忠诚

할 때는 확실하게 거절을 하는 것이 중요하다. 직접적으로 거절하기 어렵다면 조금은 다른 방법을 생각해보는 것도 좋을 것이다. 이 이야기들처럼 재치있게 혹은 완곡하게 거절을 한다면 거절을 당하는 사람도 거절을 하는 사람도 서로에게 느끼는 섭섭함이나 미안함이 줄어들 것이다.

어휘 연습

1. 〈보기〉에서 알맞은 말을 골라 (　　　　)에 쓰십시오.

[보기]
섞다　　괴롭히다　　확실하다　　고개를 젓다　　핑계를 대다

1) 빨간색에 파란색을 (　　　　　　)으면/면 보라색이 된다.
2) 열쇠를 집에 놓고 온 것 같은데 기억이 (　　　　　　)지 않다.
3) 아이에게 약을 먹으라고 하니까 싫다고 (　　　　　　)었다/았다/였다.
4) 그는 바쁘다고 (　　　　　　)고 모임에 참석하지 않았다.
5) 초등학교 때 힘이 센 아이가 힘이 약한 아이를 (　　　　　　)는/은/ㄴ 경우가 가끔 있다.

2. '고개'와 같이 쓸 수 <u>없는</u> 단어는 무엇입니까? (　　　　)

❶ 젓다　　❷ 나누다　　❸ 돌리다　　❹ 끄덕이다

3. 다음 글의 내용에 맞게 〈보기〉에서 알맞은 말을 골라 (   )에 쓰십시오.

[보기]
작가　재치　충성　청혼　뒤엎다　상대방　완곡하다

사람들은 보통 말이나 행동으로 (   )의 부탁을 거절한다. 직접 거절하기가 힘들면 간접적으로도 거절할 수 있는 여러 가지 방법이 있다. 한 천재 (   )이/가 아름다운 여자 무용가의 (   )을/를 유머를 섞어서 부드럽게 거절한 이야기는 유명하다. 옛날에 한 화가는 '들에서 풀을 먹는 소' 그림을 그려달라고 부탁을 받았다. 하지만 그림을 그려주기 싫어서 종이에 제목만 써서 주는 (   )있는 거절을 하기도 했다. 고려를 (   )고 새로운 나라를 세우려고 했던 이성계의 아들 이방원은 정몽주에게 자기 사람이 되는 게 어떻겠냐고 물었다. 하지만 정몽주는 고려의 왕에게만 (   )을/를 다하겠다는 시를 지어서 이를 거절했다. 이 이야기들처럼 여러 가지 다른 방법으로 (   )게 거절한다면 거절당하는 사람도 많이 섭섭하지는 않을 것이다.

내용 이해

1. 위의 글을 읽고 각 단락의 중심 내용을 간단하게 쓰십시오.

받는 사람	중심 내용
첫 번째 단락	거절의 어려움
두 번째 단락	
세 번째 단락	
네 번째 단락	
다섯 번째 단락	완곡한 거절

2. 화가가 종이에 그림의 제목만 쓴 이유는 무엇입니까? (   )

❶ 소 그림을 잘 그리지 못해서

❷ 부자에게 그림을 그려주기 싫어서

❸ 부자가 화내는 모습을 보고 싶어서

❹ 소가 풀을 다 먹고 다른 곳으로 간 것을 표현하기 위해서

3. '하여가'와 '단심가'에 대한 설명으로 맞지 않는 것은 무엇입니까? (   )

❶ 단심가를 지은 정몽주는 고려의 학자이다.

❷ 하여가를 지은 이방원은 조선을 세운 사람이다.

❸ 하여가는 새로운 나라를 함께 세우자는 내용이다.

❹ 단심가는 한 마음으로 한 사람만 생각하겠다는 뜻이다.

4. 이 글에서 말한 완곡한 거절의 방법이 아닌 것은 무엇입니까? (   )

❶ 시   ❷ 유머   ❸ 재치   ❹ 핑계

5. 이 글의 내용과 같으면 O, 다르면 ×를 하십시오.

1) 정몽주는 고려를 지키고 싶어 했다. (   )

2) 부드러운 거절은 듣는 사람의 섭섭함을 줄여준다. (   )

3) 단심가는 다음번에 뜻을 함께 하겠다는 완곡한 거절이다. (   )

4) 유머나 재치를 섞어서 거절하는 것은 간접적인 거절의 방법이다. (   )

더 생각해 봅시다

1. 다음은 한국인 남녀 만 명에서 물어본 '돈을 빌려주기 싫을 때 거절하는 핑계나 거짓말은 무엇입니까?'에 대한 설문 조사 결과입니다. 여러분은 돈을 빌려주기 싫을 때 어떻게 거절하는지 이야기해 봅시다.

순위	내용
1	나도 요즘 거지야. 밥도 못 사먹어.
2	급히 쓸 데가 있는 돈이라서.
3	내 카드 값도 못 냈어.
4	나도 엄마한테 매일 용돈 받아.
5	친구에게 돈을 빌려주면 친구, 돈 둘 다 잃어.
6	방금 다른 친구한테 빌려줬는데, 좀 일찍 말하지.
7	야~ 나도 지금 너한테 돈을 빌려 달라고 하려던 참이었어.
8	나도 이거 빌린 돈이야.
9	좀 전에 모두 다 써 버렸는데.
10	미안해! 이거 친구에게 돌려줄 돈이야.

03 부탁하는 광고

1. 이 광고들은 무엇을 말하는 것일까요?

2. 여러분 나라의 인상적인 광고를 이야기해 보십시오.

우리는 공공장소에서 공익광고[1]를 자주 보게 된다. 공익광고에는 음식물 쓰레기, 출산[2] 장려[3], 일회용품, 경로사상[4] 등과 같은 공공의 문제들이 많다. 이런 문제들에 대해서 모든 국민이 관심을 가져 줄 것을 부탁하는 메시지가 공익광고에 담겨있다. 이전의 공익광고 문구는 '쓰레기를 버리지 마십시오', '예절을 지킵시다' 같이 직접적인 표현들이어서 딱딱하고[5] 강한 느낌을 주었다. 이런 표현들은 부탁이라는 느낌보다는 오히려 명령하는 느낌이 들어서 사람들에게 거부감[6]을 줄 때가 많았다. 이런 이유로 사람들은 공익광고에 큰 관심을 갖지 않게 되었고, 그런 광고는 효과도 그렇게 크지 않았다. 하지만 얼마 전부터는 사람들의 심리를 고려한[7] 새로운 표현들이 나오기 시작했다. 이런 새로운 시도[8]는 사람들의 눈길을 끌게[9] 되었다. 그리고 공익광고에 대한 관심이 커지면서 큰 효과를 보게 되었다.

돈이라면 남기시겠습니까?

음식도 결국 돈입니다.
먹는 거 반, 남기는 거 반.
그렇게 남아서 버리는 음식물 쓰레기가
한 해에 5조[10] 원
음식물 쓰레기를 줄이는 일
나 한 사람의 실천[11]에서 시작됩니다.

1) 공익광고	public service advertisement (PSA)	公共広告	公益广告
2) 출산	childbirth	出産	分娩
3) 장려	encouragement; promotion	奨励	奖励
4) 경로사상	respect for the elderly	敬老思想	敬老思想
5) 딱딱하다	rigid, firm	堅苦しい	生硬
6) 거부감	aversion, repulsion	拒否感	排斥感
7) 고려하다	to consider	考慮する	顾及
8) 시도	attempt, try	試み	尝试
9) 눈길을 끌다	to catch a person's eye	目を引く	引人瞩目
10) 조	trillion	兆	兆 (计量单位)
11) 실천	action; actual practice	実践	实践

이런 모습, 상상은 해보셨나요?

아이보다 어른이 많은 나라, 상상해보셨나요?
2004년 OECD 국가 중 최저 출산율[12]의 나라.
세계에서 고령화[13]가 가장 빨리 진행[14] 중인 나라.
2050년 노인 인구 비율[15]이 37.3%에 이르는[16] 나라.
그곳이 다름 아닌 우리나라입니다.
내 아이를 갖는 기쁨과 나라의 미래를 함께 생각해 주세요.
아이들이 대한민국의 희망입니다.

나무를 죽이는 컵? 나무를 살리는 컵!

오늘 아침 커피 한 잔, 어느 컵에 드셨어요?
이제 책상 위에 머그컵 한 잔 가져다 놓으세요.
1회용 종이컵으로 수많은 나무들이 잘리니까요[17].
머그컵을 쓰는 당신이 자연을 사랑하는 사람입니다.

• OECD : Organization for Economic Cooperation and Development (경제 협력 개발 기구) 경제발전과 세계무역촉진을 위하여 발족한 국제기구 | (Organization for Economic Cooperation and Development): an International organization that promotes economic development and world trade | 経済協力開発機構経済発展と世界貿易促進のために発足した国際機構) |经济合作与开发组织(为促进经济发展和世界贸易而创立的国际机构)

12) 출산율	birthrate	出産率	婴儿出生率
13) 고령화	aging	高齢化	高龄化
14) 진행	progress; advance	進行	进行
15) 비율	percentage, ratio	比率	比率
16) 이르다	to reach, amount to	達する	达到
17) 잘리다	to be cut down, felled	切られる	被截断

④

세상을 보기 전에 주위를 먼저 보십시오!

오늘도 지하철에 앉아 신문, 잡지로 세상을 읽는 당신.
혹시 무심코[18] 앉은 자리가 노약자나 장애자를 위한 지정석[19]은 아닙니까?
'지정석'은 힘겨운[20] 우리 이웃을 위한 최소한[21]의 배려[22].
세상을 보기 전에 주위를 한번 둘러보십시오.

18) 무심코	carelessly	何気なく	无意中
19) 지정석	reserved seat	指定席	指定的座位
20) 힘겹다	to be beyond one's capacity, have a hard time	助けが必要だ	吃力
21) 최소한	at the (very) least; minimum	最低限	起码的
22) 배려	consideration	気配り	照顾

YONSEI KOREAN READING 3

어휘 연습

1. 〈보기〉에서 알맞은 말을 골라 (   )에 쓰십시오.

[보기]
이르다 힘겹다 고려하다 딱딱하다 눈길을 끌다

1) 회의 분위기가 너무 (   )어서/아서/여서 말 한마디 할 수 없었다.

2) 2008년에 서울에 사는 외국인 숫자가 25만 명에 (   )었다/았다/였다.

3) 식사할 때 여러 가지 영양을 (   )어서/아서/여서 골고루 먹어야 한다.

4) 그 학생은 부모님을 잃고 어린 동생과 둘이서 (   )게 살아가고 있다.

5) 패션쇼에 가 보면 사람들의 (   )는/은/ㄴ 디자인의 옷들이 아주 많다.

2. '끌다' 와 같이 쓸 수 <u>없는</u> 단어는 무엇입니까? (   )

❶ 인기 ❷ 관심 ❸ 눈길 ❹ 유행

3. 다음 글의 내용에 맞게 〈보기〉에서 알맞은 말을 골라 (   )에 쓰십시오.

[보기]
시도 심리 효과 거부감 공익광고 장려하다

모든 국민이 관심을 가져 줄 것을 부탁하는 (   )이/가 많이 달라졌다. 전에는 명령하는 것과 같은 딱딱한 표현이 많았지만 요즘에는 사람들의 (   )을/를 고려한 새로운 표현이 나오기 시작했다. 그래서 (   )이/가 적고 (   )이/가 크다. 예를 들어 출산을 (   )는/은/ㄴ 광고도 '아이보다 어른이 많은 나라, 상상해 보셨나요?' 라는 질문으로 시작한다. 이것도 '아이를 많이 낳읍시다' 같은 말보다 훨씬 효과적이다. 이런 (   )은/는 사람들의 눈길을 끌게 되었고 공익광고에 대한 관심이 커지게 되었다.

내용 이해

1. 각 공익광고가 무엇에 관한 광고인지 간단하게 쓰십시오.

광고	관련 내용
첫 번째 단락	음식물 쓰레기
두 번째 단락	
세 번째 단락	
네 번째 단락	

2. 첫 번째 광고가 말하려는 내용은 무엇입니까? (　　　　)

❶ 음식 쓰레기를 줄이자.

❷ 음식 쓰레기를 잘 활용하자.

❸ 음식 쓰레기를 깨끗이 처리하자.

❹ 음식물 쓰레기를 아무데나 버리지 말자.

3. 두 번째 광고에 대한 설명으로 맞는 것은 무엇입니까? (　　　　)

❶ 아이들이 없으면 미래도 없다.

❷ 현재 노인 인구는 전체 인구의 37.3%다.

❸ 한국은 노인 인구가 가장 빨리 줄고 있다.

❹ 한국은 세계에서 출산율이 제일 낮은 나라다.

4. 세 번째 광고에 대한 설명으로 맞지 <u>않는</u> 것은 무엇입니까? (　　　　)

❶ 나무를 죽이는 컵은 일회용 컵이다.

❷ 자연을 위해서 머그컵을 써야 한다.

❸ 종이컵을 만들기 위해 나무를 많이 자른다.

❹ 자연 보호를 위해 컵을 사용하지 말아야 한다.

5. 네 번째 광고에 대한 설명으로 맞는 것은 무엇입니까? (　　　　)

❶ 장애자가 아니면 지정석에 앉을 수 없다.

❷ 광고에서 말하는 '세상' 은 정보와 소식을 의미한다.

❸ 사람들은 일부러 노약자석에 앉아서 신문을 읽는다.

❹ 광고에서 말하는 '주위' 는 자기 옆에 앉은 사람을 의미한다.

6. 이 글의 내용과 같으면 ○, 다르면 × 하십시오.

1) 요즘 공익광고는 사람들에게 거부감을 주지 않는다. (　　　　)

2) 공익광고에는 국민들이 관심을 갖는 문제들이 많다. (　　　　)

3) 병원, 지하철, 도서관 등에서 공익광고를 볼 수 있다. (　　　　)

4) 이전 공익광고 표현은 직접적이어서 광고효과가 컸다. (　　　　)

더 생각해 봅시다

1. 다음 글을 읽고 일상생활에서 재치 있는 부탁으로 어떤 것이 있는지 이야기해 보십시오.

대개 남자들은 화장실에서 소변기를 깨끗하게 사용하지 않을 때가 많다. 남자 화장실의 소변기는 여자 화장실과 달리 서서 볼 일을 보도록 되어 있어서 더 쉽게 더러워진다. 하지만 네덜란드 공항의 남자 화장실 소변기는 매우 깨끗한 상태로 유지되고 있다. 소변기 중앙 그려져 있는 검정색 파리 한 마리가 이런 큰 변화를 일으킨 것이다. 그림이 생기기 전엔 아무 생각 없이 소변기를 이용했던 사람들이 파리 그림이 생기자 볼 일을 볼 때 오락을 하는 것과 같은 재미를 느꼈다. 그래서 그 덕분에 그 곳의 화장실은 깨끗하게 유지되고 있다.

제10과 어제와 오늘

01 한국 속의 외국인

02 재미있는 지명 이야기

03 옛날에 쓰던 물건들

01 한국 속의 외국인

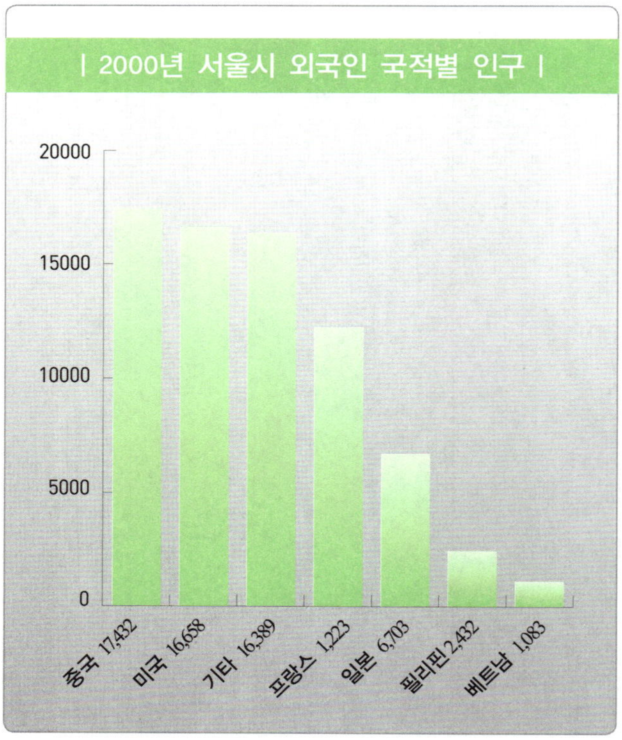

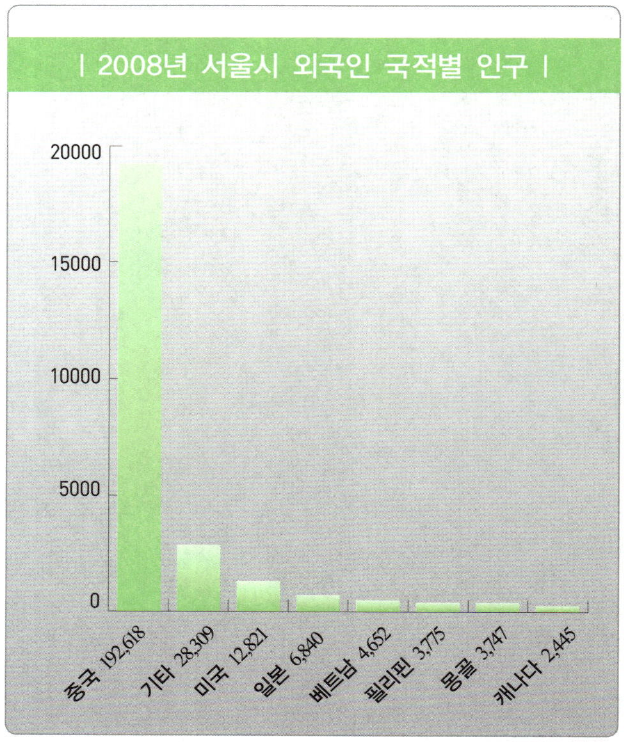

1. 표를 보고 서울에 사는 외국인의 국적별 변화에 대해 이야기해 봅시다.

2. 여러분 나라에는 어느 나라 외국인이 제일 많습니까?

한국에 최초[1]로 온 외국인은 누구였을까? 중국과 일본은 가까이 있어서 오래 전부터 교류[2]가 많았다. 그렇지만 생김새[3]가 비슷해서 중국인이나 일본인 중에 누가 최초로 한국에 왔는지는 알 수 없다. 한국사람들은 외국인이라고 하면 보통 피부색이 다르고 우리와 생김새가 다른 사람을 떠올린다. 우리나라에 온 최초의 외국인을 **허왕옥**이라고 보는 사람도 있다. 허왕옥은 **가락국**의 시조[4]인 **김수로왕**의 부인이었는데 **인도**에서 왔다고 한다. 기록[5]에 남아 있는 최초의 외국인은 **벨테브레**이다. 그는 **네덜란드** 선원[6]으로 1627년 표류하다가[7] 제주도에 도착했다. 그는 후에 귀화하여[8] 왕에게서 박연이라는 이름을 받게 된다. '하멜 표류기'를 써서 **조선**을 서양에 알린 **하멜**도 네덜란드 사람이다.

한국에 외국인이 많아진 것은 한국 전쟁이 끝나고 미국 군대가 한국에 머무르면서부터였다[9]. 1950년대에는 머리가 노랗고 코가 큰 미국 사람을 보고 신기하다고 따라다니기도 하고 무섭다고 울거나 도망가는[10] 아이들도 있었다. 그

- **허왕옥** : 김수로왕의 부인. 인도 공주라는 이야기가 전해짐. | the wife of King Su-ro Kim | 許黃玉(金首露王の夫人。インドの姫だったという話が伝えられている) | 许黄玉(金首露王的夫人, 相传为印度公主)
- **가락국** : 기원전후부터 낙동강 하류 지역에 있던 여러 나라의 총칭 | a general term for several countries around the Nakdong river | 駕洛國(紀元前から洛東江の下流地域にあった諸国の総称) | 驾洛国(纪元前后起, 位于洛东江下流地区的多个国家的总称)
- **김수로왕** : 가락국의 시조 | the first king of Karak | 金首露王(駕洛国の始祖) | 金首露王(驾洛国的始祖)
- **인도(India)** : 남부 아시아에 있는 나라 | India(a country in South Asia) | インド / 印度(位于南亚的一个国家 | 印度: 位于南亚的一个国家)
- **벨테브레** : 조선 시대에 귀화한 네덜란드 사람 | a Dutch person who became naturalized during the Chosun era | ウェルテブレー(朝鮮時代に帰化したオランダ人) | 贝特布雷(荷兰人, 于朝鲜时代加入韩国籍)
- **네덜란드(Netherlands)** : 유럽 북서부에 있는 나라 | Netherlands(a country in northwestern Europe) | オランダ | 荷兰(位于欧洲西北部的一个国家)
- **조선** : 이성계가 건국한 나라 (1392~1910) | Chosun(a country founded by Seong-gye Lee) | 朝鮮(李成桂が建てた国 1392~1910) | 朝鲜(李成桂建立的国家)
- **하멜** : 조선 중기 때 제주도에 온 네덜란드 선원 | a Dutch sailor who came to Jeju Island in the middle of the Chosun era | ハメル(朝鮮時代中期に済州島に来たオランダの船員) | 哈梅尔(荷兰船员, 在朝鲜中期来到济州岛)

1) 최초	first(ever)	最初	最初
2) 교류	exchange	交流	交流
3) 생김새	appearance; looks	格好	长相
4) 시조	founder, progenitor	始祖	始祖
5) 기록	record, document	記録	记录
6) 선원	sailor	船員	船员
7) 표류하다	to drift	漂流する	漂流
8) 귀화하다	to be naturalized (as a citizen)	帰化する	入籍
9) 머무르다	to stay, remain	とどまる	停留
10) 도망가다	to run away, escape	逃げる	逃跑

후 한국이 경제적으로 발전하고 서울에서 1988년 올림픽과 2002년 월드컵이 열리면서 외국인들을 만날 기회가 더 많아졌다. 또 한국 사람들의 해외 여행이 늘어나면서 외국 사람들이 더 이상 낯설지 않게 되었다.

서울은 이제 152개국의 국적을 가진 이십오만 명의 외국인이 모여 살고 있는 도시가 되었다. 서울에 등록된 외국인 인구는 1998년에 오만 천 명이었는데 10년 사이에 거의 5배[11]가 늘어서 2008년에는 이십오만 천 명이 되었다. 1998년에는 서울 인구의 0.5%밖에 되지 않았지만 이제는 서울 인구의 2.4%나 된다.

국제 결혼도 점점 많아지고 있다. 국제 결혼 커플은 2000년 3,387건에서 2008년 7,947건으로 2.3배 늘었고 결혼 이민자는 2004년 1만 4710명에서 2008년 2만 9560명으로 4년 사이에 2배 늘었다. 국제 결혼이 많아짐에 따라 국제 결혼에 대한 생각도 긍정적으로[12] 바뀌어서 다문화 가정도 많이 늘어났다. 한국 속의 외국인은 더 이상 한국 사람과 다른 이상한 사람이 아니라 우리와 더불어[13] 사는 친구와 가족이 되었다.

11) 배	times; -fold	倍	倍
12) 긍정적으로	positively	肯定的に	正面的
13) 더불어	together (with)	ともに	一块儿

어휘 연습

1. 〈보기〉에서 알맞은 말을 골라 (　　　　)에 쓰십시오.

[보기]
교류　　더불어　　머무르다　　도망가다　　귀화하다

1) 제주도에 가서 친구 집에 이틀 동안 (　　　　　　)었다/았다/였다.

2) 야구를 하다가 남의 집 창문을 깨고 (　　　　　　)었다/았다/였다.

3) 일본과 중국은 가까이 있어 옛날부터 한국과 (　　　　　　)이/가 많았다.

4) 자기 혼자만 생각하지 말고 어려운 이웃과 (　　　　　　) 사는 삶을 살아야 한다.

5) 요즘 한국 사람과 결혼하여 한국인으로 (　　　　　　)는/은/ㄴ 외국인들이 늘고 있다.

2. 밑줄 친 단어의 의미가 다른 것은 무엇입니까? (　　　　)

❶ 직원　　❷ 학원　　❸ 회원　　❹ 선원

3. 다음 글의 내용에 맞게 〈보기〉에서 알맞은 말을 골라 (　　　　)에 쓰십시오.

[보기]
배　　기록　　최초　　생김새　　표류하다　　긍정적으로

서울에 등록된 외국인 인구는 10년 사이에 거의 5(　　　　　) 늘어서 2008년에는 이십오만 이상이 되었다. (　　　　　)에 따르면 벨테브레는 한국에 (　　　　　)로 온 서양인이다. 그는 선원으로 바다에서 (　　　　　)다가 제주도에 도착했다. 나중에 조선에 귀화해서 박연이라는 이름을 갖게 되었다. 한국에 외국인이 많아진 것은 한국전쟁 후이다. 1950년대에는 코가 크고 머리가 노랗고 (　　　　　)이/가 한국인과 다른 미국 사람들을 낯설어했다. 그러나 이제는 한국에 사는 외국인들이 많아졌고 다문화 가정도 늘었다. 국제 결혼에 대한 생각도 (　　　　　) 바뀌었기 때문이다.

내용 이해

1. 이 글에서 각 단락의 중심 내용은 무엇입니까? 연결하십시오.

첫 번째 단락 •	• 한국인의 친구와 가족이 된 외국인
두 번째 단락 •	• 서울에 등록된 외국인의 국적과 수
세 번째 단락 •	• 한국에 온 최초의 외국인
네 번째 단락 •	• 외국인에 대한 한국인의 태도 변화

2. 서울에 사는 외국인에 대한 설명으로 맞는 것은 무엇입니까? (   )

❶ 1998년에는 서울 인구의 2.4%가 되었다.

❷ 2008년 서울의 외국인은 25만 명이 넘었다.

❸ 1998년부터 10년 사이에 그 수가 배가 되었다.

❹ 1988년 올림픽 때부터 외국인 수가 갑자기 늘었다.

3. 한국에 온 외국인이 아닌 사람은 누구입니까? (   )

❶ 하멜　　❷ 박연

❸ 허왕옥　　❹ 김수로

4. 요즘 외국인에 대한 한국 사람의 생각으로 맞지 않는 것은 무엇입니까? (   )

❶ 외국 사람을 친근하게 생각한다.

❷ 외국 사람을 신기하게 생각한다.

❸ 외국인들이 더 이상 낯설지 않다.

❹ 다문화 가정을 보는 시각이 달라졌다.

5. 이 글의 내용과 같으면 ○, 다르면 × 하십시오.

1) 한국에 최초로 온 중국인은 누구인지 알 수 없다. (　　　)

2) 한국에 최초로 귀화한 사람은 네덜란드 사람 하멜이다. (　　　)

3) 국제 결혼에 대해 긍정적으로 생각하는 사람이 늘고 있다. (　　　)

4) 한국의 경제가 발전하면서 외국 사람을 만날 기회도 많아졌다. (　　　)

더 생각해 봅시다

1. 한국의 다문화 가정에 대한 다음 글을 읽고 이야기해 보십시오. 여러분의 나라는 어떻습니까?

> 2008년 조사에 따르면, 서울 시민 39.2%는 자신이나 자녀가 외국인과 결혼하는 것에 대하여 거부감이 없다고 응답하였으며, 특히 결혼 적령기인 25~34세 미혼남녀는 절반 이상인 53.9%가 국제 결혼에 거부감이 없다고 했다.
>
> 국제 결혼 커플은 2000년 3,387건에서 2008년 7,947건으로 2.3배 증가했다. 2008년 기준으로 한국인 남편과 외국인 아내의 결혼은 69.3%(5,509건)로 외국인 남편과 한국인 아내의 결혼 30.7%(2,438건)보다 많았다.
>
> 서울에 등록된 외국인 중 결혼 이민자로 체류 중인 외국인은 2004년 14,710명에서 2008년 29,560명으로 4년 사이 2배(14,850명) 증가했다. 특히, 한국인 남성과 결혼한 여성 결혼 이민자 수가 전체 결혼 이민자 중 79.8%(23,602명)로 대부분을 차지하고 있다.

| 결혼 이민자(국민의 배우자) |

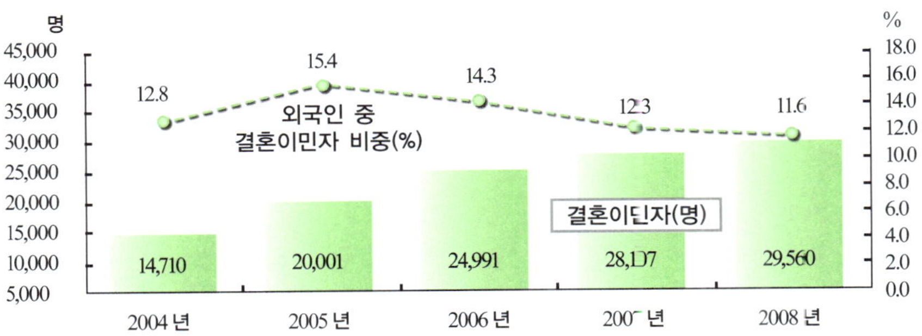

02 재미있는 지명[1] 이야기

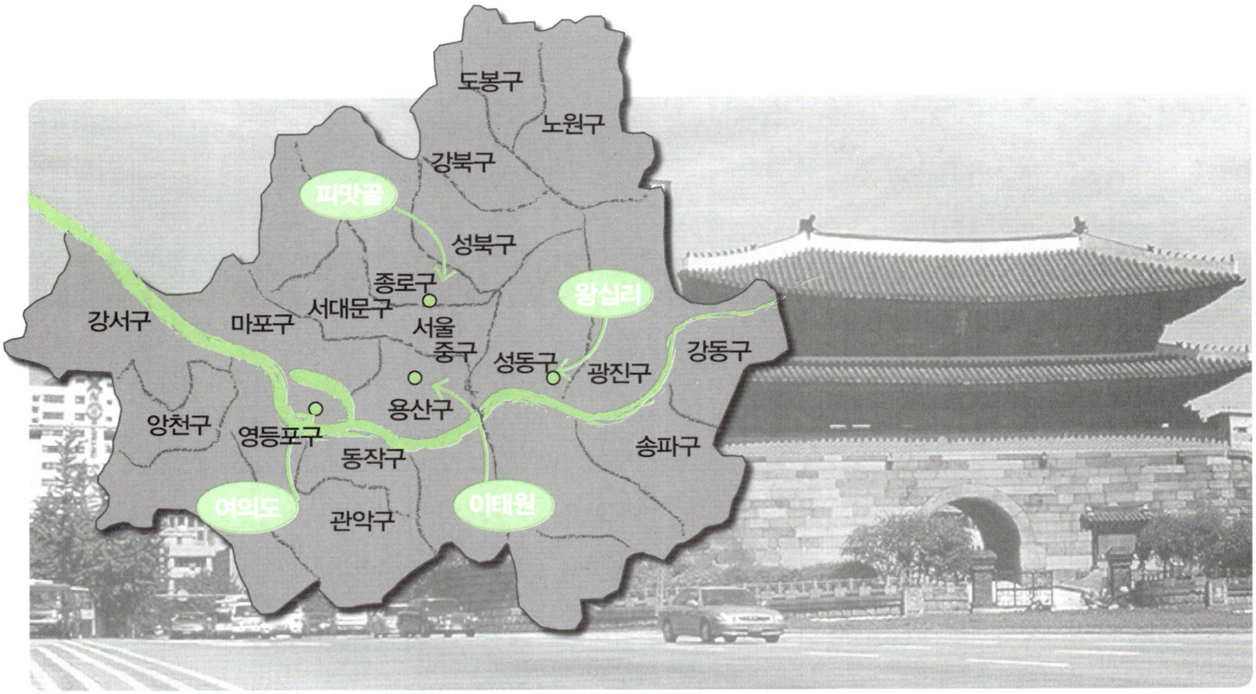

1. 다음은 서울의 동네 이름입니다. 왜 이런 이름이 붙었을까요?

약수동 효자동

2. 여러분 나라에 재미있는 유래가 있는 지명이 있습니까?

1) 지명	place name	地名	地名

CD: 29

서울에서 가장 외국인이 많은 곳은 아마 이태원일 것이다. 한국에 온 외국인이라면 이태원을 한 번쯤은 들어보거나 가 본 적이 있을 것이다. 그럼 이태원은 무슨 뜻일까? 지금의 이태원은 외국인들이 많은 국제적인[2] 거리이다. 지금은 볼 수 없지만 오래 전에 이태원에는 배나무가 많았다. 그래서 배라는 뜻의 '이', 크다는 뜻의 '태', 집이라는 뜻의 '원' 자를 써서 이태원이라고 부르게 되었다. 이와 같이 서울에는 지명과 관계된 여러 가지 이야기가 있다.

지하철 2호선에는 왕십리역이 있는데, 이 왕십리라는 이름에도 재미있는 이야기가 전해진다. 조선을 세운 **태조**는 새로운 장소로 수도를 옮기려고 했다. 그래서 유명한 스님인 **무학대사**에게 새 수도를 어디로 옮기는 것이 좋을지 알아보게 했다. 무학대사는 좋은 땅을 알아보기 위해서 이곳저곳을 다녔다. 그러던 어느 날 한 노인이 나타나서 서북쪽을 가리키며 좋은 곳을 찾으려면 여기서부터 십 리[3]를 더 가라고 말한 후에 사라졌다. 알고 보니까 그 노인은 아주 유명한 **도선대사**였다. 무학대사가 노인의 말대로 서북쪽으로 십 리를 더 가니까 그곳에 정말 좋은 땅이 있었다. 그곳이 바로 지금의 경복궁 자리이다. 그 후 십 리를 더 가라는 뜻으로 '가다' 라는 뜻의 '왕' 에 십 리를 붙여서 왕십리라 부르게 되었다.

한국 정치와 언론, 경제의 중심지[4]가 어디냐고 물어보면 많은 사람들이 여의도라고 대답한다. 하지만 예전의 여의도는 모래밖에 없는 쓸모없는 땅이었다. 그래서 사람들은 나는 필요 없으니까 '네가 가져라' 라는 뜻으로 '너의 섬' 이라고 불렀다. 그것이 섬이라는 뜻의 한자인 '도' 로 바뀌어 '여의도' 로 바뀌었다고 한다. 여의도가 지금처럼 변한 것은 1960년대 이후부터이다. 정부[5]는 여의도가

- **태조** : 조선을 세운 사람 | the person who founded Chosun, Seong-gye Lee | 太祖 : 朝鮮を建国した人 | 太祖: 建立朝鲜的人
- **무학대사** : 조선 개국 직후 왕사를 지낸 조선의 승려 | a Buddhist monk who helped Seong-gye Lee to develop Chosun | 無学大師(朝鮮開国直後、王事を執り行った朝鮮の僧侶) | 无学大师: 朝鲜僧侣, 相传在朝鲜开国之后, 担任王的使者)
- **도선대사** : 왕건이 후삼국 통일을 하고 고려를 세우는 데 가장 중요한 도움을 준 승려로 전해짐 | another Buddist monk who helped Seong-gye Lee | 道詵大師(王建が後三國統一を行ない高麗を建国した際、最も重要な手助けをした僧侶として伝えられている) | 道詵大师(僧侣相传在王建统一后三国建立高丽时, 提供了最重要的帮助)

2) 국제적이다	international	国際的だ	国际的
3) 리	unit of distance equal to 0.4 km	里(朝鮮の1里は約400m)	里 (计量单位)
4) 중심지	center, central area	中心地	中心地
5) 정부	government	政府	政府

서울의 중심에 있어서 나라의 여러 주요 기관[6]을 세우기에 좋다고 생각했다. 그래서 여의도를 개발하기로 결정했다. 먼저 큰 건물들을 지을 수 있도록 땅을 메워서[7] 넓혔다[8]. 그 후에 국회의사당[9], 방송국, 신문사, 증권회사 등이 세워져서 지금의 모습이 되었다.

종로는 옛날에도 지금과 같이 서울에서 가장 많이 복잡한 곳이었다. 또한 궁궐과 가까이 있어서 지위[10]가 높은 사람들도 많이 다녔다. 백성들은 높은 사람들이 말을 타고 이곳을 지날 때마다 땅에 엎드려서 그들이 지나갈 때까지 기다려야만 했다. 그래서 가끔씩은 서서 걷는 시간보다 땅에 엎드린 시간이 더 많을 때도 있었다. 그것이 많이 불편했던 백성들은 종로 바로 뒤쪽에 좁은 길을 만들었다. 그리고 그 길의 이름을 '피맛골'이라고 했는데 피한다[11]는 뜻의 '피'와 말이라는 뜻의 '마'가 합쳐진 것으로 말을 피해 다닐 수 있는 길이라는 뜻이다. 가난한 백성들이 주로 이용했던 이 길은 그 후에 값싸고 맛있는 음식점들이 하나둘씩 생겨서 지금까지 맛있는 음식점이 많은 길로 유명하다.

서울에는 이곳들 외에도 재미있는 유래[12]를 가진 장소들이 많다. 왜냐하면 서울은 수백 년의 역사를 가지고 있는 도시이기 때문이다. 서울의 이곳저곳을 돌아다니면서 옛날 모습을 상상해 보는 것도 재미있을 것이다.

6) 기관	institution (주요)	機関	机构
7) 메우다	to fill in, reclaim land (땅을)	埋める	填
8) 넓히다	to widen, extend	広げる	扩大
9) 국회의사당	National Assembly Building	国会議事堂	国会议事堂
10) 지위	royal palace	地位	地位
11) 피하다	to avoid	避ける	避开
12) 유래	origin	由来	由来

어휘 연습

1. <보기>에서 알맞은 말을 골라 (   )에 쓰십시오.

[보기]
기관   넓히다   메우다   피하다   국제적이다

1) 길이 너무 좁아서 길을 (   )었다/았다/였다.

2) 수도에는 나라의 중요한 (   )들이 모두 모여 있다.

3) 바다를 흙으로 (   )어서/아서/여서 땅으로 만들었다.

4) 날아오는 공을 (   )으려고/려고 하다가 넘어져서 다쳤다.

5) 홍콩은 여러 나라의 회사들이 모여 있는 (   )은/ㄴ 도시이다.

2. 단어의 연결이 자연스럽지 <u>않은</u> 것은 무엇입니까? (   )

❶ 상자 – 메우다   ❷ 계획 – 세우다

❸ 비 – 피하다   ❹ 집 – 넓히다

3. 다음 글의 내용에 맞게 <보기>에서 알맞은 말을 골라 (   )에 쓰십시오.

[보기]
지명   지위   정부   유래   중심지   세우다

서울의 이곳저곳에는 (   )과/와 관계된 여러 가지 이야기가 있다. 조선 태조는 새로운 곳에 수도를 (   )기를 원했다. 그래서 무학대사에게 좋은 장소를 찾게 했는데 그때 무학대사가 도선대사에게 십 리를 더 가라는 말을 들었던 곳이 바로 왕십리이다. 여의도는 '네가 가져라'라는 뜻의 '너의 섬'이라고도 불렸던 쓸모없는 땅이었지만 (   )에서 개발을 하여 지금은 한국 언론과 경제의 (   )이/가 되었다. 피맛골은 말을 피한다는 뜻으로 (   )이/가 높은 사람들이 말을 타고 종로를 지날 때마다 엎드려서 기다려야 했던 백성들이 이용하기 위해 만든 길이다. 이 밖에도 서울에는 재미있는 (   )을/를 가진 장소들이 많다.

내용 이해

1. 윗글에서 언급된 각 지명의 뜻을 쓰십시오.

지명	지명의 뜻
이태원	배나무가 많은 마을
왕십리	
여의도	
피맛골	

2. 현재의 여의도에 대한 설명으로 맞는 것은 무엇입니까? (   )

❶ '너의 섬' 이라고 부르기도 한다.
❷ 땅의 대부분이 모래로 덮여 있다.
❸ 나라의 주요 기관들이 세워져 있다.
❹ 개발 중이라서 건물을 짓는 곳이 많다.

3. 백성들이 피맛골을 이용하게 된 이유는 무엇입니까? (   )

❶ 값이 싸고 맛있는 음식점들이 많아서
❷ 궁궐과 가까운 곳에 위치하고 있어서
❸ 주로 이용하던 종로가 사람들이 너무 많아 복잡해서
❹ 높은 사람들이 지나갈 때까지 기다리는 것이 불편해서

4. 이 글의 내용에 대한 설명으로 맞는 것은 무엇입니까? (   )

❶ 이태원에는 지금도 배나무가 많다.
❷ 태조는 왕십리에 새로운 수도를 세웠다.
❸ 옛날에도 지금처럼 종로는 많은 사람들이 이용했다.
❹ 원래 여의도는 여러 건물을 세울 수 있을 만큼 넓었다.

5. 이 글의 내용과 같으면 O, 다르면 ×를 하십시오.

1) 여의도는 주요 기관을 세운 후에 개발을 시작했다. (　　　)

2) 서울에는 지명의 유래를 찾아볼 수 있는 곳이 많다. (　　　)

3) 왕십리는 지금의 경복궁 자리에서 십 리를 더 간 곳에 있다. (　　　)

4) 옛날 백성들은 지위가 높은 사람이 말을 타고 지나가면 땅에 엎드렸다. (　　　)

더 생각해 봅시다

1. 다음은 유명한 사람의 이름을 붙인 도로의 이름들입니다. 여러분 나라에도 유명한 사람의 이름을 붙인 도로나 지명이 있습니까?

- 을지로 :

  고구려의 장군인 '을지문덕' 의 이름 '을지' 를 붙여서 지은 이름

- 충무로 :

  조선의 장군인 '이순신' 의 시호인 '충무' 를 붙여서 지은 이름

- 세종로 :

  조선의 제4대 왕이었던 '세종대왕' 의 '세종' 을 붙여서 지은 이름

03 옛날에 쓰던 물건들

1. 위 그림은 옛날 사람들이 쓰던 물건들입니다. 언제 이 물건을 사용했을까요?

2. 에어컨, 세탁기, 전화기, 자동차 등이 발명되기 전에 사람들이 썼던 물건은 어떤 것들이었을까요?

CD 30

박물관에 가면 옛날 사람들이 사용하던 여러 가지 도구[1]들이 있다. 지금도 사용되고 있어서 익숙한 물건도 있지만, 처음 보는 낯선 것들도 있다. 또 본 적은 있지만 어디에 쓰는 물건인지 잘 모르는 경우도 많다. 그러나 관심을 가지고 옛 물건들을 보면 옛 사람들의 생활 모습과 지혜를 배울 수 있다. 또 옛날 사람들이 얼마나 자연을 가까이 하면서 살았는지도 알게 된다.

맷돌[2]은 시골 할머니 댁에 가면 지금도 볼 수 있다. 이것은 곡식을 갈아[3] 가루로 만들거나, 두부를 만들기 위해 콩을 갈 때 사용하였다. 맷돌은 두 개의 둥근[4] 돌을 겹쳐서[5] 올려놓은 것인데, 윗돌에 있는 구멍에 곡식을 넣고 손잡이를 돌리면 돌 사이로 곡식이 갈려 나온다. 요즘의 믹서[6]와 같은 것인데 돌로 갈기 때문에 영양소[7]가 그대로 있고 음식 맛도 좋다.

옛날에는 화장실이 냄새가 많이 나서 집에서 멀리 떨어진 곳에 있었다. 전기가 없던 옛날, 깜깜한[8] 밤에 화장실에 가는 것은 보통일이 아니었다. 그래서 작고 둥근 모양의 요강[9]은 옛날 사람들에게 꼭 필요한 물건이었다. 이것을 방 안에 두고[10] 화장실에 가고 싶을 때 사용하였다. 요강은 지저분한 물건 같지만 옛날 사람들은 중요한 물건으로 생각했고, 결혼할 때 여자들이 잊지 않고 준비해 가는 물건이었다. 요강은 놋[11]이나 도자기로 만든 것도 있고 나무로 만든 것도 있었다. 특히 도자기 요강은 아주 예뻐서 외국인들이 기념품으로 많이 사 간다. 그런데 어디에 쓰는지 잘 몰라서 요강에 과자나 사탕을 넣어 두거나 장식용으로 거실에 놓기도 한다. 또 꽃병이나 화분으로 사용하기도 한다.

요즘은 더운 여름철에 선풍기나 에어컨을 켜서 더위를 식힌다[12]. 하지만

1) 도구	tool	道具	用具
2) 맷돌	millstone	石うす	石磨
3) 갈다	to grind	(豆、麦などの穀物を)ひく	磨
4) 둥글다	round; spherical	丸い	圆圆的
5) 겹치다	to stack (together)	重ねる	叠放
6) 믹서	blender; food processor	ミキサー	搅拌机
7) 영양소	nutrients	栄養素	营养元素
8) 깜깜하다	very dark; pitch-black	真っ暗だ	漆黑
9) 요강	Korean chamber pot	おまる	便壶
10) 두다	to put, place	置く	放
11) 놋	brass	真鍮	黄铜
12) 식히다	to cool (off)	冷ます	使凉

에어컨을 오랫동안 켜 놓으면 냉방병[13]에 걸려서 소화가 잘 안 되거나 두통이나 피로를 쉽게 느끼게 된다. 그런데 옛날에는 이런 병이 없었다. 옛날 사람들은 시원한 천으로 만든 옷을 입거나 부채를 부치며[14] 시원하게 여름을 지냈다. 그러나 무엇보다도 더운 여름에 사랑을 받았던 물건은 죽부인[15]이다. 죽부인은 대나무로 만든 부인이라는 뜻으로 주로 남자들이 더운 여름밤에 시원하게 자기 위해서 사용했다. 그런데 재미있는 것은 아버지가 쓰던 죽부인을 자식이 사용하지 않았다는 것이다. 죽부인은 대나무로 만들었는데 그 길이[16]는 사람의 키만큼 길고, 모양은 안기 편한 원통형[17]이었다. 대나무는 만지면 차갑기 때문에 몸에 닿았을[18] 때 시원하다. 게다가 속이 비어 있고 구멍이 많이 있어서 바람이 잘 통한다[19]. 그래서 이것을 안고 자면 시원하게 잘 수 있다.

요즘 옛날 사람들이 사용하던 맷돌이나 죽부인이 잘 팔리고 있다. 더 예쁘고 편리한 물건들이 많이 있지만 느리고 불편한 옛 물건들이 사람들에게 인기를 얻고 있다. 이것은 옛날 사람들이 쓰던 물건 속에 삶의 지혜가 담겨 있기 때문이다. 자연을 가까이 하면서 삶의 여유를 즐기던 옛사람들의 지혜를 배운다면 우리의 삶이 더욱 풍요로워질[20] 것이다.

13) 냉방병	air-conditioningitis (over-exposure to air conditioning)	冷房病	空调病
14) 부치다	to fan (oneself with a fan)	あおぐ	扇 (扇子)
15) 죽부인	body-length tubular frame of woven bamboo	竹で作った抱き枕	竹夫人
16) 길이	length	長さ	长度
17) 원통형	cylindrical	円筒形	圆柱形
18) 닿다	to touch, come in contact (with)	触れる	接触
19) 통하다	to be ventilated, circulate	通じる	通
20) 풍요롭다	rich	豊かだ	丰饶

어휘 연습

1. 〈보기〉에서 알맞은 말을 골라 (　　　　)에 쓰십시오.

[보기]
두다　　겹치다　　둥글다　　식히다　　깜깜하다

1) 도시에서는 환한 불빛 때문에 밤에도 (　　　　　　)지 않다.

2) 시원한 음료수 한 잔 드시고 더위를 (　　　　　　)으세요/세요.

3) 중요한 약속과 시험 시간이 (　　　　　　)어서/아서/여서 걱정이다.

4) 여권을 어디에 (　　　　　　)었는지/았는지/였는지 생각이 안 난다.

5) 축구공, 지구, 그리고 보름달은 모두 (　　　　　　)는/은/ㄴ 모양이다.

2. 두 단어의 관계가 다른 하나를 고르십시오. (　　　　)

❶ 두다/ 놓다　　❷ 밝다/ 깜깜하다

❸ 통하다/ 막히다　　❹ 식히다/ 덥히다

3. 다음 글의 내용에 맞게 〈보기〉에서 알맞은 말을 골라 (　　　　)에 쓰십시오.

[보기]
도구　　영양소　　갈다　　닿다　　부치다　　통하다

박물관에 가면 옛 물건들이 많이 있다. 우리는 옛날 사람들이 쓰던 물건들을 통해 그들의 생활 모습과 지혜를 알 수 있다. 그들은 여러 가지 (　　　　　)을/를 이용하여 편리한 생활을 했다. 곡식을 (　　　　　)기 위해서 맷돌을 사용했는데, 이것은 몸에 좋은 (　　　　　)을/를 없애지 않고 음식 맛도 좋게 하였다. 요즘 사람들은 여름에 에어컨을 많이 사용해서 냉방병에 걸리기 쉽지만, 옛날에는 이런 병에 걸리지 않았다. 옛날 사람들은 부채를 (　　　　　)거나 죽부인을 사용하여 더위를 식혔기 때문이다. 죽부인은 대나무로 만들었기 때문에 몸에 (　　　　　)으면/면 시원하다. 그리고 구멍이 많이 있어서 바람이 잘 (　　　　　)었다/았다/였다.

내용 이해

1. 이 글을 읽고 각 물건의 특징을 써 넣으십시오.

물건	재료	모양	쓰임
맷돌			
요강			
죽부인			

2. 옛날 물건과 요즘의 물건을 연결한 것 중 잘못된 것은 무엇입니까? (　　　　)

❶ 맷돌 → 믹서
❷ 요강 → 꽃병
❸ 부채 → 선풍기
❹ 빗자루 → 청소기

3. 옛날 물건에 대한 설명으로 맞는 것은 무엇입니까? (　　　　)

❶ 요강의 모양은 다양하다.
❷ 죽부인은 아버지와 아들이 함께 사용하기도 했다.
❸ 맷돌은 지금은 쓰이지 않아서 박물관에서만 볼 수 있다.
❹ 맷돌로 곡식을 갈 때 아랫돌은 움직이지 않고 윗돌만 움직인다.

4. 이 글의 내용과 다른 것은 무엇입니까? (　　　　)

❶ 옛날에는 방 안에 요강을 두고 사용하였다.
❷ 옛날 물건들을 통해 옛사람들의 지혜를 알 수 있다.
❸ 더위도 식히고 냉방병도 피할 수 있는 물건은 죽부인이다.
❹ 옛날 물건이 오늘날에도 사용되는 것은 사용하기 쉽기 때문이다.

5. 이 글의 내용과 같으면 ○, 다르면 × 하십시오.

1) 요즘 맷돌과 요강이 사람들에게 인기가 많다. (　　　　)
2) 맷돌은 쌀, 콩, 보리 등을 갈 때 쓰던 물건이다. (　　　　)
3) 죽부인은 잘 때 베개로 사용했는데 공기가 잘 통해 시원했다. (　　　　)
4) 외국인들은 요강의 쓰임을 알지만 모양이 예뻐서 장식용으로 사용하기도 한다. (　　　　)

더 생각해 봅시다

1. 다음은 옛날 한국 사람들이 쓰던 물건들입니다. 어디에 쓰던 물건들이었을까요?

〈화로〉

옛날에는 요즘의 히터나 난로 대신에 화로를 썼다. 화로는 추운 겨울에 방 안을 따뜻하게 하기 위해 숯불을 담아 사용한 것이다. 그리고 여기에 인두를 꽂아 뜨겁게 만들어서 옷을 다리기도 했는데 이것은 요즘의 다리미와 같다.

〈인두〉

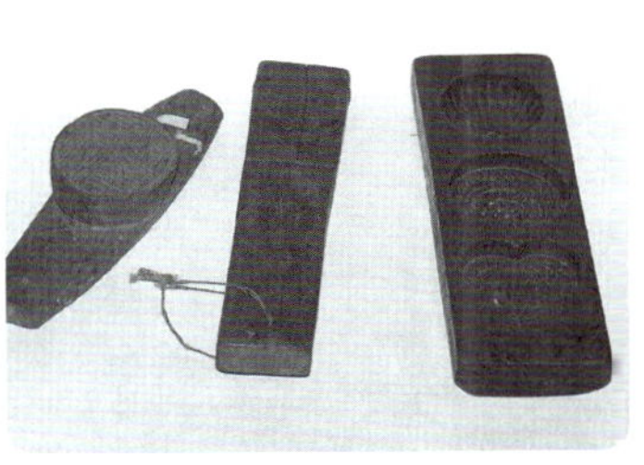
〈떡살〉

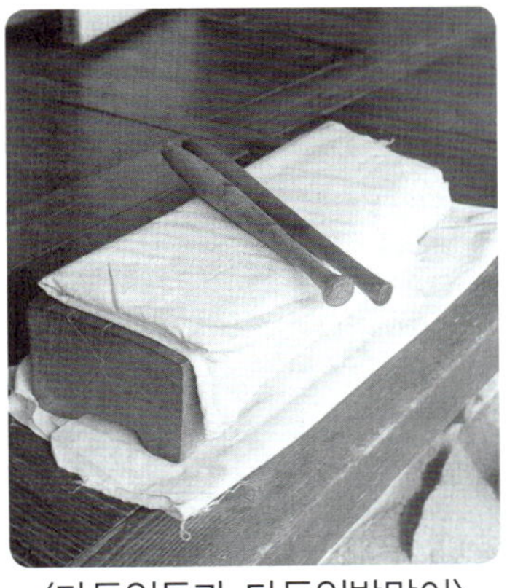
〈다듬잇돌과 다듬잇방망이〉

〈절구〉

모범 답안

어휘 색인

참고 자료

모범 답안

제 1 과

〈1〉 노벨 이야기

어휘 연습

1. 1) 졸랐다　2) 키워서　3) 엎드려서
　4) 꼼짝하지　5) 맡기고
2. ❶
3. 귀염둥이/ 귀찮다고/ 꼬리를/ 완전히/ 돌본/ 이별의

내용 이해

1.

첫 번째 단락	노벨이와의 첫 만남
두 번째 단락	식구들의 반응
세 번째 단락	노벨이의 성격
네 번째 단락	강아지 키우기의 어려움
다섯 번째 단락	감기로 고생한 노벨이
여섯 번째 단락	우리 가족이 된 노벨이

2. ❶
3. ❸
4. ❶
5. 1) ×　2) ○　3) ○　4) ×

〈2〉 세계인의 취미

어휘 연습

1. 1) 활기차게　2) 움직일　3) 심은
　4) 가꾸었다　5) 즐기러
2. ❷
3. 정성껏/ 모형/ 이른/ 야외활동을/ 여유롭게/ 만약

내용 이해

1.

나 라	취미 생활
영국	정원 가꾸기
독일	기차 모형 만들기
일본	만화책 읽기
중국	태극권
호주	야외 활동 즐기기
한국	등산

2. ❷
3. ❶
4. ❹
5. 1) ○　2) ○　3) ×　4) ○

〈3〉 수집광 가족

어휘 연습

1. 1) 뻗고　2) 금세　3) 빠졌다　4) 열정　5) 별난
2. ❹
3. 기념주화/ 가지런히/ 조립하는/ 보관하고/ 소인국/ 꼼꼼히/ 떠올릴 수

내용 이해

1.

가족	모으는 것
아버지	올림픽 기념주화와 메달
어머니	티스푼
남동생	미니어처
나	수첩

2. ❷
3. ❶
4. ❷
5. 1) ×　2) ○　3) ○　4) ×

제 2 과

〈1〉 이사 떡

어휘 연습

1. 1) 옮겼다　2) 마음에 걸려서
　3) 떡을 돌리고　4) 빈　5) 뜻밖이었다
2. ❶
3. 집수리를/ 예상대로/ 초인종/ 새댁/ 미소를/ 할 수 없이

내용 이해

1. (가) – (나) – (마) – (다) – (라)
2. ❸
3. ❹
4. ❸
5. 1) ×　2) ×　3) ○　4) ×

〈2〉 우리 동네 슈퍼 이야기

어휘 연습

1. 1) 끼어서　2) 장을 보는　3) 운영하고
　4) 달콤했다　5) 시식하는

2. ❸

3. 상가/ 사은품도/ 덤을/ 할인점보다도/ 전단지를/ 유통기한이

내용 이해

1.

슈퍼의 위치	아파트 상가 지하 1층
슈퍼의 특징	크고 깨끗하다. 물건도 많고 값도 싸다
물건을 싸게 사는 방법	1) 토요일에 슈퍼에 간다
	2) 할인코너를 이용한다
	3) 특별 행사 기간을 이용한다
내가 자주 가는 이유	1) 물건의 질이 좋다
	2) 덤을 준다
	3) 시식이 많다

2. ❶

3. ❸

4. ❷

5. 1) ○ 2) ○ 3) ○ 4) ×

〈3〉 숫자

어휘 연습

1. 1) 음력 2) 성경 3) 넘치는 4) 완벽한 5) 합쳐야

2. ❷

3. 한자/ 홀수/ 음/ 행운/ 불길한/ 배반한

내용 이해

1.

	좋아하는 숫자	이유
중국	8	'돈을 많이 번다'는 뜻을 지닌 한자와 발음이 비슷하기 때문에
	9	'길다, 오래 산다'는 뜻을 지닌 한자와 발음이 비슷하기 때문에
한국	3	음과 양이 합쳐진 완벽한 수이기 때문에
	홀수	좋은 기운이 넘치기 때문에
서양	7	완성과 축복을 의미하기 때문에
	4	완전수이기 때문에

	싫어하는 숫자	이유
동양	4	죽음을 뜻하는 한자와 발음이 비슷하기 때문에
서양	13	예수가 13일의 금요일에 죽어서 불길함을 의미하기 때문에
	6	불완전을 의미하는 악마의 숫자이기 때문에

2. ❹

3. ❸

4. ❸

5. 1) × 2) ○ 3) × 4) ○

제 3 과

〈1〉 감기

어휘 연습

1. 1) 해열제를 2) 즙을 3) 유지하기 4) 흔한 5) 이겨냈다

2. 저항력이/ 적당히/ 섭취가/ 갈증이/ 멋게/ 가래를

내용 이해

1.

감기의 원인	바이러스
감기의 증상	열이 나고, 몸이 떨리고 목이 붓는다
감기의 종류	코감기, 목감기, 기침감기
감기 치료 방법	영양 섭취, 충분한 휴식, 실내온도, 습도 유지, 물을 많이 마시기

2. ❹

3. ❶

4. ❶

5. 1) × 2) ○ 3) × 4) ×

〈2〉 화

어휘연습

1. 1) 사소한 2) 표현한다 3) 속상해요 4) 후회하는 5) 옳지

2. ❸

3. 상처를/ 폭력을/ 무조건/ 함부로 / 영향을/ 해결되는/ 조절할

내용 이해

1. 첫 번째 단락 — 화를 자주 내는 아들의 이야기
   두 번째 단락 — 화와 건강과의 관계
   세 번째 단락 — 화를 조절하는 방법
   네 번째 단락 — 현대인의 화

2. ❹

3. ❶

4. ❶

5. 1) × 2) ○ 3) × 4) ○

모범 답안

〈3〉 느리게 살기

어휘 연습

1. 1) 신선한　2) 판매한다　3) 농사하신
   4) 향해서　5) 개발한
2. ❷
3. 공장이/ 대부분/ 주변에서/ 마음대로/ 현대식/ 땅이나

내용 이해

1.

느리게 살기 마을에 없는 것

1. 큰 공장
2. 대형 마트나 패스트푸드점
3. 현대식 건물

느리게 살기 마을에 있는 것

1. 전통적인 방법으로 만든 물건
2. 신선한 음식 재료
3. 사람만 다닐 수 있게 만든 좁은 길

2. ❸
3. ❷
4. ❷
5. 1) ○　2) ×　3) ×　4) ×

제 4 과

〈1〉 담양 대나무 축제

어휘 연습

1. 1) 흔들리는　2) 아깝다　3) 참가해야
   4) 체험할　5) 놀랍다
2. ❸
3. 시원스럽게/ 공연을/ 인상적이었다/ 조명이/ 갓이/ 추억을

내용 이해

1.

경험한 것	느낌
대통밥	놀라웠다
대나무 숲	몸과 마음이 다 깨끗해지는 것 같았다
국악 공연	인상적이었다
죽마	재미있었다
대나무 전등 갓	아름다웠다

2. ❶
3. ❹
4. ❸
5. 1) ×　2) ○　3) ×　4) ×

〈2〉 1달러짜리 공연

어휘 연습

1. 1) 눈에 띈다　2) 발을 구르면서　3) 개성이
   4) 장단에 맞춰서　5) 용기를
2. ❶
3. 진/ 악수를/ 깜짝/ 기부라는/ 어색한/ 구경꾼

내용 이해

1.

단락	중심 내용
첫 번째 단락	와이키키의 길거리 공연
두 번째 단락	인간 동상
세 번째 단락	풍선아트
네 번째 단락	스프레이 그림
다섯 번째 단락	구경하는 사람들의 모습
여섯 번째 단락	1달러짜리 공연의 즐거움

2. ❹
3. ❷
4. ❹
5. 1) ×　2) ○　3) ×　4) ○

〈3〉 보는 그림, 읽는 그림

어휘 연습

1. 1) 가리키고　2) 얻었다　3) 상징하는
   4) 맺는다　5) 겸손한
2. ❶
3. 비과학적인/ 소재가/ 비추기/ 부지런히/ 적시는/ 백성이/ 깨우치는

내용 이해

1.

	연화도	일월오봉도
소재	연꽃, 원앙, 물고기	해, 달, 산, 소나무, 폭포
소재가 의미하는 것	1) 연꽃: 깨끗함, 겸손함, 자식을 많이 낳음. 2) 원앙: 부부 사이가 좋음.	1) 일월: 왕이 부지런히 일함. 2) 산: 왕이 나라를 지킴. 3) 폭포: 백성에 대한 왕의 사랑

	연화도	일월오봉도
비과학적인 점	1) 물속의 물고기 그림과 물 위의 연꽃 그림이 같이 그려져 있음. 2) 더러운 물에 사는 연꽃과 깨끗한 물에 사는 물고기가 함께 그려져 있음. 3) 여름에 꽃이 피는 연꽃과 겨울새인 원앙이 함께 그려져 있음.	1) 해와 달이 동시에 하늘에 떠 있음. 2) 소나무가 산보다 크게 그려져 있음.

2. ❷
3. ❸
4. ❹
5. 1) × 2) ○ 3) ○ 4) ○

제 5 과

〈1〉 한국을 사랑한 언더우드

어휘 연습

1. 1) 묻혀 2) 번역하고 3) 발행한다 4) 존중해야 5) 평가되어서
2. ❹
3. 선교사로 / 고아들을 / 후손들에게 / 발전을 / 안정된 / 묘지는

내용 이해

1. 1859년 — 영국에서 태어났다.
   1885년 — 미국 선교사로 한국에 오게 되었다.
   1915년 — 연희전문학교를 세웠다.
   1916년 — 병으로 미국에 돌아가 고향 애틀랜타에서 죽었다.
   1957년 — 연희전문학교와 세브란스 의과대학이 합쳐져 연세대학교가 되었다
   1995년 — 한국 서울 양화진 외국인 묘지에 묻혔다.
2. ❹
3. ❸
4. ❶
5. 1) ○ 2) × 3) × 4) ○

〈2〉 바보 온달과 평강공주

어휘 연습

1. 1) 해졌다 2) 최선을 다해서 3) 밉게 4) 놀렸다 5) 익히기
2. ❷
3. 시집보내겠다고/ 고집을 부렸다/ 내쫓았다/ 커다란/ 용감하게/ 사위로

내용 이해

1. (가) – (마) – (라) – (다) – (나)
2. ❸
3. ❸
4. ❹
5. 1) × 2) ○ 3) × 4) ×

〈3〉 아버지

어휘 연습

1. 1) 자랑스럽게 2) 낡아서 3) 맡은 4) 흘리고 5) 외치는
2. ❹
3. 이민을/ 가난에서/ 결국/ 역할을/ 성공적이었다 /수없이

내용 이해

1. (가) – (다) – (마) – (나) – (라)
2. ❷
3. ❹
4. ❶
5. 1) × 2) ○ 3) × 4) ×

제 6 과

〈1〉 라면천국

어휘 연습

1. 1) 공개했다 2) 천국 3) 전국에서 4) 뛰어넘는 5) 냈다
2. ❶
3. 정보를/ 비법도/ 개성이/ 상식을/ 평가한다/ 보람을

모범 답안

내용 이해

1. 첫 번째 단락 • • 동호회 활동의 의의
   두 번째 단락 • • 동호회 '라면천국' 소개
   세 번째 단락 • • 인터넷에서의 활동
   네 번째 단락 • • 인터넷 밖에서의 활동
2. ❸
3. ❶
4. ❷
5. 1) × 2) × 3) × ㅂ4) ○

〈2〉 그 남자, 그 여자

어휘 연습

1. 1) 잔뜩 2) 예감이 3) 통통한
   4) 두근거렸다 5) 변해
2. ❷
3. 짝사랑을/ 실망했다/ 예전/ 왠지/ 자꾸/ 설□다

내용 이해

1.

	준 호	선 영
동창회에 가기 전	두근거렸다	어색할까 봐 걱정했다
동창회가 시작된 후에	선영이를 보고 실망했다	일찍 동창회에 참석하지 않은 걸 후회했다
동창회가 끝난 후에	예감이 좋다	가슴이 설렜다

2. ❸
3. ❹
4. ❹
5. 1) × 2) ○ 3) × 4) ×

〈3〉 국경없는 의사회

어휘 연습

1. 1) 굶고 2) 기적과 3) 국경을
   4) 위험하다고 5) 분야
2. ❹
3. 자연재해로/ 겪고/ 자원봉사자/ 비정치적인/ 생명을/ 유일하게/ 상금으로

내용 이해

1.

모임의 이름	국경없는 의사회
만든 시기	1971년
만든 사람	의사, 언론인 등 12명임.
모임의 성격	비정치적이고 비종교적임.
회원의 성격	의사, 간호사, 그리고 자원봉사자들로 이루어져 있음.
활동하는 곳	위험한 곳 (자연 재해, 전쟁과 테러, 질병이 있는 곳)
활동	사람들의 병을 치료해 주고 약을 주고 음식을 나눠 줌.
받은 상	서울 평화상, 노벨 평화상

2. ❶
3. ❹
4. ❷
5. 1) ○ 2) × 3) ○ 4) ×

제 7 과

〈1〉 오줌싸개

어휘 연습

1. 1) 긴장해서 2) 가린다 3) 야단을 맞았다
   4) 창피를 주었다 5) 흥분되어서
2. ❹
3. 요에/ 살짝/ 키를/ 바가지를/ 버릇을/ 불장난을/ 꿍꿍

내용 이해

1.

첫 번째 단락	어릴 적의 경험
두 번째 단락	오줌싸개에 관한 풍습
세 번째 단락	오줌 싸는 이유
네 번째 단락	이런 풍습이 생긴 이유

2. ❸
3. ❸
4. ❷
5. 1) × 2) × 3) ○ 4) ×

〈2〉 실수에서 태어난 발명

어휘 연습

1. 1) 되돌릴 2) 치고 3) 몰려들었다
   4) 캐는 5) 쓸모없다고

2. 날개 돋친 듯이 • • 거짓말하다
물 쓰듯이 • • 돈을 쓰다
미친 듯이 • • 팔리다
밥 먹듯이 • • 소리 지르다

3. 소문을/ 절망에/ 꿰메고/ 질기고/ 날개 돋친 듯이/ 전환은

내용 이해

1. (가)–(나)–(다)–(라)–(바)–(마)
2. ❷
3. ❸
4. ❷
5. 1) ○ 2) ○ 3) × 4) ×

〈3〉 노란 손수건

어휘 연습

1. 1) 따라 2) 입을 다물고 3) 한숨을 쉬게
   4) 쳐다본다 5) 고개를 끄덕였다
2. ❷
3. 침묵을 지키고/ 표정은/ 석방이/ 매달아/ 용서했다는/ 환호하기

내용 이해

1. (가) – (마) – (나) – (라) – (다) – (바)
2. ❶
3. ❸
4. ❸
5. 1) × 2) × 3) × 4) ○

제 8 과

〈1〉 존경하는 선생님께

어휘 연습

1. 1) 이루어진다 2) 용돈을 3) 우연히
   4) 각각 5) 희망은

2. 꼭 • • 다르다
각각 • • 지키다
곰곰이 • • 만나다
우연히 • • 생각하다

3. 재능이/ 포기하지/ 목표가/ 곰곰이/ 평생/ 사회복지학을

내용 이해

1.

받는 사람	선생님께
인사	아침저녁으로
보내는 사람의 안부	저는
내용	선생님
끝인사	다음달
날짜	2009년
보낸 사람	제자

2. ❷
3. ❹
4. ❹
5. 1) × 2) ○ 3) × 4) ×

〈2〉 기적을 만든 선생님

어휘 연습

1. 1) 불행하다고 2) 메말랐다 3) 마음을 열고
   4) 실패해도 5) 회복하게
2. ❸
3. 시절은/ 시력을/ 극복하고/ 앓고/ 스승/ 만져

내용 이해

1. 첫 번째 단락 • • 설리반과 헬렌의 관계
두 번째 단락 • • 설리반과 헬렌의 만남
세 번째 단락 • • 설리반의 교육에 대한 생각
네 번째 단락 • • 설리반이 헬렌을 가르친 방법
다섯 번째 단락 • • 설리반의 어린 시절

2. ❸
3. ❹
4. ❶
5. 1) × 2) ○ 3) × 4) ○

〈3〉 서당 풍경

어휘 연습

1. 1) 찾으니까 2) 말썽을 피워서 3) 읊었다
   4) 조상께 5) 주목을 받았다
2. ❷
3. 훈장님이/ 신분이/ 벌을/ 책거리를/ 가득/ 한문

내용 이해

1.

단 락	중심 내용
첫 번째 단락	옛날의 학교 서당
두 번째 단락	서당의 학생
세 번째 단락	서당에서 가르치는 것
네 번째 단락	서당의 교육방법
다섯 번째 단락	책거리
여섯 번째 단락	오늘날의 서당

2. ❸
3. ❷
4. ❷
5. 1) ○ 2) ○ 3) ○ 4) ×

제 9 과

〈1〉 어머니의 마지막 부탁

어휘 연습

1. 1) 마음이 무겁다 2) 깨달았다 3) 떠내려갔어요 4) 속을 썩였어요 5) 눈을 감으셨다
2. ❶
3. 말씽을 부리는/ 마음대로/ 결국/ 시냇가/ 유언을/ 무덤이

내용 이해

1. 1) 숲 속 시냇가에 엄마 청개구리와 아들 청개구리가 살았다.
   2) 아들 청개구리는 엄마 말을 듣지 않고 마음대로 행동했다.
   3) 장난꾸러기 아들 때문에 엄마는 마음이 무거웠다.
   4) 아들 걱정에 병이 난 엄마 청개구리는 결국 유언을 남기고 죽었다.
   5) 잘못을 깨달은 아들 청개구리는 비 오는 날 엄마 무덤이 떠내려갈까 봐 걱정이 되어서 운다.
2. ❸
3. ❶
4. ❹
5. 1) ○ 2) ○ 3) × 4) ○

〈2〉 완곡한 거절

어휘 연습

1. 1) 섞으면 2) 확실하지 3) 고개를 저었다 4) 핑계를 대고 5) 괴롭히는
2. ❷
3. 상대방의/ 작가가/ 청혼을/ 재치있는/ 뒤엎고/ 충성을/ 완곡하게

내용 이해

1.

단 락	중심 내용
첫 번째 단락	거절의 어려움
두 번째 단락	유머로 거절하기
세 번째 단락	그림으로 거절하기
네 번째 단락	시로 거절하기
다섯 번째 단락	완곡한 거절

2. ❷
3. ❷
4. ❹
5. 1) ○ 2) ○ 3) × 4) ○

〈3〉 부탁하는 광고

어휘 연습

1. 1) 딱딱해서 2) 이르렀다 3) 고려해서 4) 힘겹게 5) 눈길을 끄는
2. ❹
3. 공익광고가/ 심리를/ 거부감이/ 효과가/ 장려하는/ 시도는

내용 이해

1.

광고	관련 내용
첫 번째 광고	음식물 쓰레기
두 번째 광고	출산장려
세 번째 광고	일회용품
네 번째 광고	경로사상

2. ❶
3. ❶
4. ❹
5. ❷
6. 1) ○ 2) × 3) ○ 4) ×

제 10 과

〈1〉 한국 속의 외국인

어휘 연습

1. 1) 머물렀다　　2) 도망갔다　　3) 교류가
　4) 더불어　　5) 귀화하는
2. ❷
3. 배/ 기록에/ 최초로/ 표류하다가/ 생김새가/ 긍정적으로

내용 이해

1.

첫 번째 단락 •	• 한국인의 친구와 가족이 된 외국인
두 번째 단락 •	• 서울에 등록된 외국인의 국적과 수
세 번째 단락 •	• 한국에 온 최초의 외국인
네 번째 단락 •	• 외국인에 대한 한국인의 태도 변화

2. ❷
3. ❹
4. ❷
5. 1) ○　　2) ×　　3) ○　　4) ○

〈2〉 재미있는 지명 이야기

어휘 연습

1. 1) 넓혔다　　2) 기관들이　　3) 메워서
　4) 피하려고　　5) 국제적인
2. ❶
3. 지명과/ 세우기를/ 정부에서/ 중심지가/ 지위가/ 유래를

내용 이해

1.

지 명	지명의 뜻
이태원	배나무가 많은 마을
왕십리	십리를 더 가라
여의도	네가 가져라
피맛골	말을 피해 다닐 수 있는 길

2. ❸
3. ❹
4. ❸
5. 1) ×　　2) ○　　3) ○　　4) ○

〈3〉 옛날에 쓰던 물건들

어휘 연습

1. 1) 깜깜하지　　2) 식히세요　　3) 겹쳐서
　4) 두었는지　　5) 둥근
2. ❶
3. 도구를/ 갈기/ 영양소를/ 부치거나/ 닿으면/ 통했다

내용 이해

1.

물건	재료	모양	쓰임
요강	놋, 도자기, 나무	각고 둥근 모양임.	밤에 방에서 볼 일을 볼 때 사용함/ 밤에 화장실에 가고 싶을 때 사용함.
죽부인	대나무	단기 편한 원통형임.	더위를 식히기 위해 사용함.
맷돌	돌	두 개의 돌이 겹쳐 있고 윗돌에 구멍이 나 있으며 손잡이가 있음.	곡식을 갈기 위해 씀.

2. ❷
3. ❹
4. ❹
5. 1) ×　　2) ○　　3) ×　　4) ×

어휘 색인

YONSEI KOREAN READING 3

어휘 색인

어휘 색인

YONSEI KOREAN READING 3

참고자료

과	소주제	참고자료
01	〈2〉	사진제공: 호주정부관광청
03	〈3〉	그림: 슬로시티
04	〈1〉	사진제공: 담양군청 문화관광과
05	〈3〉	연세대학교 한국어학당 2급 파라과이 교포 학생이 백일장 때 쓴 글을 개작한 것임
07	〈3〉	〈노란손수건〉 오천석 저, 샘터사 참조
09	〈3〉	사진제공: 한국방송광고공사
10	〈1〉	통계 자료 'e-서울웹진 2009-08(27호) '통계로 보는 서울 외국인의 모습'에서 인용